AF470017

LA MARIEUSE

COMÉDIE

Représentée pour la première fois, à Paris, sur le Théatre du Gymnase le 17 octobre 1865.

POISSY. — TYP. ET STÉR. DE AUG. BOURET.

LA

MARIEUSE

COMÉDIE EN DEUX ACTES

PAR

LAMBERT-THIBOUST ET CHARLES DE COURCY

PARIS
MICHEL LÉVY FRÈRES, LIBRAIRES ÉDITEURS
RUE VIVIENNE, 2 BIS, ET BOULEVARD DES ITALIENS, 15
A LA LIBRAIRIE NOUVELLE

1866

PERSONNAGES

PAUL VERNIER	MM. P. Berton.
ÉTIENNE RÉGIS	Esquier.
M. LEBOUCQ	Pradeau.
LE DOCTEUR MACHELARD DU PLUVINAGE	Lesueur.
M. MOUCLIER	Blaisot.
RODRIGUE MOUCLIER, son fils	Lefort.
M. PIMORIN, jeune notaire	Francès.
NOEL, valet de chambre	Victorin.
SUZANNE VERNIER	Mmes Delaporte. Blanche Pierson.
MADAME MOUCLIER, femme de Mouclier	Mélanie.
IDA MOUCLIER, leur fille	Lissy.
MARGUERITE, sœur de Paul Vernier	Bloch.
BLANCHETTE, femme de chambre	Gabrielle.

Paris, 1864, chez Vernier, dans un petit hôtel de la rue Chaptal.

LA MARIEUSE

ACTE PREMIER

Un salon meublé avec grand goût et beaucoup d'élégance. Deux lampes allumées sur la cheminée à droite. Fenêtre à gauche. Porte d'entrée au fond. Portes dans les pans coupés. Guéridon devant la cheminée, à quelque distance. Canapé à gauche.

SCÈNE PREMIÈRE

BLANCHETTE, NOEL.

Au lever du rideau, Blanchette agenouillée devant la cheminée souffle le feu.

BLANCHETTE.

Va donc ! mais va donc ! (Elle souffle plus fort.) Oh ! ces cheminées !... quand elles ont quelque chose dans la tête...

NOEL entre essoufflé, une serviette sous le bras.

Blanch... ! (L'apercevant et poussant un soupir colossal.) Oh ! ! (S'approchant après l'avoir considérée avec admiration.) Ah ! bon Dieu ! qu'est-ce que tu fais encore ?...

BLANCHETTE.

Vous le voyez bien... je veux allumer le feu... mais lui (Elle souffle.) il ne veut pas !

NOEL.

Ni moi !... (Se mettant à terre, à côté d'elle.) Regardez-moi ces petites mains-là ! sont-elles noires ! (Les embrassant). Ah ! sont-elles noires !... (Même jeu.)

BLANCHETTE, se reculant.

Noël! Voyons! Vous êtes insupportable.

NOEL.

Ah! Blanchette! Quand je songe que depuis un mois tu es ma petite femme!...

BLANCHETTE.

Ça vous rend bête!... Comme c'est flatteur pour moi!

NOEL.

Oh! ça n'est pas ta faute, j'avais des dispositions... Donne-moi le soufflet?

BLANCHETTE.

Mais...

NOEL, le lui arrachant.

Je ne veux pas que tu te fatigues. Tiens! assieds-toi là, sur le canapé.

(Il la fait asseoir de force.)

BLANCHETTE.

Moi? vous êtes fou!

NOEL.

Ce coussin sous tes pieds...

(Il glisse le coussin.)

BLANCHETTE

Le coussin de madame!... ce serait du joli!

NOEL.

Tu le trouves joli?... Je t'en broderai un pareil.

BLANCHETTE, lui riant au nez.

Vous! ah! ah! ah!

NOEL, la dévorant des yeux.

Je t'aime tant!

BLANCHETTE.

Vous m'aimez trop... témoin vos éternelles distractions.

NOEL.

Oh! si peu!...

BLANCHETTE.

Hier, dans quels verres avez-vous servi le bordeaux?

NOEL.

Dans les verres à champagne.

BLANCHETTE

Et le soir, en faisant la lampe de monsieur, qu'avez-vous mis dedans au lieu d'huile?

NOEL.

De la Chartreuse jaune... Mon Dieu, dans la vie on peut se tromper de burette.

BLANCHETTE.

Et lorsqu'on sonne? pas de réponse! M. Noël est auprès de sa femme... qu'on attende!

NOEL.

Quand monsieur est avec madame, j'attends bien, moi!

BLANCHETTE.

Riez! riez! Vous en ferez tant, qu'un beau matin il se fâchera et que nous serons remplacés.

NOEL.

C'est impossible! Tu es la sœur de lait de madame, et c'est elle qui nous a mariés!... ah!...

BLANCHETTE, l'imitant.

Ah! Eh bien! elle en sera quitte pour en marier d'autres qui la serviront mieux... et nous, où trouverions-nous d'aussi bons maîtres?...

NOEL.

Ah! voilà! On est si bien ici! Un petit hôtel à soi! un grand jardin!

BLANCHETTE

Et madame ma sœur de lait est toujours si gaie, si douce, si bonne!

NOEL.

Monsieur n'est pas méchant non plus... quelques nerfs peut-être! mais c'est tranquille, c'est rangé! On peut avoir confiance... Ce n'est pas lui qui jouerait à la Bourse et risquerait de se ruiner, comme il y a tant de maitres qui le font, sans songer qu'ils ont des domestiques à nourrir! Oh! non!

(Violent coup de sonnette.)

BLANCHETTE.

Vous entendez?

NOEL.

Oui... c'est monsieur!

BLANCHETTE.

Eh bien!... allez donc!

NOEL.

Quand tu m'auras tutoyé...

BLANCHETTE.

Par exemple!... (Second coup de sonnette plus violent.) Mais courez donc!

NOEL, impassible.

Tutoie-moi, alors.

BLANCHETTE.

Vous le voulez?

NOEL.

Ah! oui!

BLANCHETTE.

Eh bien!... tu m'ennuies.

NOEL, avec émotion.

Ah! elle m'a tutoyé!

SCÈNE II

LES MÊMES, PAUL*.

PAUL, en dehors.

Noël!... Où diable est-il?... Noël!... (Il entre de la droite. L'apercevant.) Ah! très-bien!

* Blanchette, Noel, Paul.

NOEL, se relevant.

Monsieur a sonné?

PAUL.

Tiens! la preuve, maraud!

(Il lui jette à la tête le cordon de sonnette.)

NOEL.

Ah! monsieur a cassé le cordon de la sonnette? (A part.) Les nerfs!...

PAUL*.

Dire qu'un pareil butor a une lune de miel... tout comme les honnêtes gens!

NOEL.

La mienne finit demain, monsieur, à onze heures précises... pour midi!... Je mets les morceaux doubles.

BLANCHETTE.

Ce n'est pas ma faute, allez, monsieur; il m'ennuie assez.

PAUL.

Je te crois, Blanchette. Pauvre fille!... va!...

(Il l'embrasse.)

NOEL.

Je ne suis pas jaloux de monsieur...

PAUL.

Est-ce que tu serais jaloux d'un autre, par hasard?

NOEL.

Ah! monsieur, voyez mes sourcils!

(Il les agite en roulant de gros yeux.)

PAUL.

Imbécile! Donne-moi mon *Indicateur!*... l'*Indicateur des chemins de fer?*

NOEL.

Oui, monsieur; je l'ai mis là sur la table... (Il va le prendre.)

* Blanchette, Paul, Noel.

Bon ! c'est la *Gazette Rose*... je ne sais pas où j'ai mis l'*Indicateur*.

BLANCHETTE, présentant un journal à Paul*.

N'est-ce pas ce journal-là, monsieur ?

PAUL.

Montre ?... Oui... (Cherchant assis sur le canapé.) Voyons, voyons donc !... Nord... Est... ce n'est pas ça... Oh ! il doit être à la dernière page... celui qu'on cherche... Lyon... Ouest... est toujours à la dernière page.. quelquefois, il n'y est pas du tout. Ah ! ligne d'Orléans ! Étienne m'a télégraphié qu'il prendrait le train express !... ah !... sept heures matin, et on arrive à Paris à huit heures trente-cinq minutes soir.. et il est.. (Tirant sa montre.) sept heures et demie soir... Dans une heure, il sera ici... (Se levant.) Ah ! mon brave Étienne !... si je ne t'étouffe pas dans la première embrassade, tu auras du bonheur, toi ! — Noël !

NOEL, qui a soufflé le feu.

Monsieur ?

PAUL.

Sept heures trente-cinq soir... Il n'y a pas une minute à perdre... Noël ?...

NOEL.

Monsieur ! (Regardant sa femme.) Est-elle gentille !

PAUL.

Jean a-t-il attelé ?

NOEL.

Oui, monsieur.

PAUL**.

Tu vas monter dans le coupé : tu te feras conduire au chemin de fer d'Orléans où tu attendras M. Régis qui arrive par le train express. Tu chargeras ses malles sur le siége, et tu me le ramèneras ici en droite ligne.. Tu m'as compris ? va.

* Paul, Blanchette, Noel.

** Blanchette, Paul, Noel.

NOEL.

Comment!.. monsieur veut que je m'absente?.. Oh!..

PAUL.

Eh bien?

NOEL.

Eh bien... Et si ma femme avait besoin de moi, monsieur?...

BLANCHETTE, riant.

Oh!...

NOEL.

Je puis envoyer le commissionnaire d'à côté...

PAUL.

Le commissionnaire!...

NOEL.

C'est un célibataire, lui!...

PAUL.

Ah! coquin!...

(Il le soufflette avec l'indicateur des chemins de fer.)

NOEL.

Monsieur, je paierai la course.

PAUL.

Blanchette! ouvre la fenêtre toute grande.

BLANCHETTE, allant à la fenêtre.

Oui, monsieur.

PAUL.

Toute grande! pour que j'y jette ton mari.

BLANCHETTE, riant toujours.

Oh! monsieur, un tout petit entresol... vous me l'estropierez, voilà tout, et ça ne m'avancera à rien.

PAUL.

C'est juste!.. Ah çà! est-ce que tu aimerais ce drôle-là, par hasard?..

BLANCHETTE.

Oh! monsieur, au bout d'un mois, on ne peut pas savoir...

NOEL, en admiration.

Est-elle gentille!

SCÈNE III

LES MÊMES, SUZANNE*.

SUZANNE.

Comment! Noël n'est pas encore parti?

PAUL.

Ma chère, Noël est fort occupé.

SUZANNE.

Mais si l'on tarde, le train sera arrivé, Étienne aura pris la première voiture venue, et nous ne l'aurons pas ce soir; et j'ai compté sur lui absolument.

PAUL.

Et moi donc! mon brave Étienne! (Consultant sa montre.) Huit heures moins vingt! (Ouvrant l'Indicateur.) Il est à Étampes! Regarde? Étampes! cette petite ligne noire!... il est là!.. Noël!.. mon chapeau?

NOEL.

Votre?...

PAUL.

Chapeau... Il nous ferait encore quelque balourdise, merci!... Je vais chercher Étienne moi-même.

SUZANNE, battant des mains.

Ah! c'est cela! Tiens, tu as une bonne idée.

PAUL.

Eh bien, mon chapeau?...

NOEL.

Lequel, monsieur?

* Blanchette, Suzanne, Paul, Noel.

PAUL.

Lequel?... mon chapeau rose, avec des plumes!

NOEL.

Ah! monsieur!...

PAUL.

Dépêche-toi, ou je t'envoie à la gare!...

NOEL.

Ah! monsieur!

(Il sort vivement.)

PAUL.

La bonne soirée que nous allons passer ensemble! Tous les trois!... Là! au coin du feu! Blanchette, n'oublie pas le thé, surtout?

BLANCHETTE.

Oh! monsieur!

SUZANNE.

Et qu'Étienne ne cherche pas de prétexte... qu'il est trop fatigué!...

PAUL.

Fatigué! lui! un gaillard qui a fait l'ascension de l'Himalaya, aller et retour... jamais!...

SUZANNE.

Qu'il n'est pas en tenue de visite!

PAUL.

Je te le ramène en touriste, avec son chapeau rond, son bâton ferré et ses bottes de sept lieues.

SUZANNE.

Il me le faut mort ou vif, tu entends!

PAUL, sa montre à la main.

Huit heures moins cinq...

NOEL, le paletot sur le bras et le chapeau à la main.

Voilà le chapeau, monsieur.

PAUL, le prenant.

Donne!...

(Il embrasse Suzanne.)

SUZANNE.

Mais dépêche-toi donc!

PAUL.

Avec Jean, il me faut dix minutes. Oh! la bonne soirée! la bonne soirée!

(Il sort vivement.)

NOEL.

Monsieur qui oublie son pardessus.

BLANCHETTE.

Mais va donc, malheureux!...

(Noël court après Paul.)

SCÈNE IV

SUZANNE, BLANCHETTE *.

(Blanchette éclate de rire.)

SUZANNE.

De quoi ris-tu, Blanchette ?

BLANCHETTE.

De mon mari, madame. Ce garçon-là m'aime trop.

SUZANNE.

Et toi... est-ce que tu ne l'aimes pas ?

BLANCHETTE.

Oh! que si!... seulement, il ne faut pas trop le leur montrer... en commençant.

SUZANNE.

Oh!

* Blanchette, Suzanne.

BLANCHETTE.

Dame! Tant qu'ils ne savent pas qu'ils ont plu, il faut bien qu'ils cherchent à plaire.

SUZANNE.

Mais tu vas très-bien, sais-tu?

BLANCHETTE.

C'est maman qui m'a dit ça... et elle a des idées, allez, maman, pour une femme de la campagne...

SUZANNE.

Cette pauvre nounou!... Elle qui refusait son consentement! Et le père Noël qui demandait à réfléchir! Réfléchir? Est-ce qu'on réfléchit! Oh! mais, j'avais arrangé tout cela dans ma tête... et le mariage a eu lieu.

BLANCHETTE.

Heureusement!

(Bruit de voiture qui s'éloigne.)

SUZANNE, allant à la fenêtre*.

Bon! le voilà parti. Blanchette, tu vas préparer le thé.

BLANCHETTE.

Trois tasses, madame?

SUZANNE.

Aide-moi d'abord à tout arranger ici. Ces fauteuils! mais ils sont trop loin l'un de l'autre... Comment causer sur des siéges qui ont l'air de se bouder? Aide-moi donc.

BLANCHETTE, dérangeant sur les indications de Suzanne.

Dois-je prévenir Noël que madame n'y sera pour personne ce soir?

SUZANNE.

Bien entendu! Cette chaise basse... là... près de la cheminée... Le docteur la trouvera en entrant... c'est sa place favorite.

BLANCHETTE.

Madame y sera donc pour le docteur? Elle disait tout à l'heure...

* Suzanne, Blanchette.

SUZANNE.

Pour le docteur... oui, je l'attends... Ah! le grand fauteuil! non! pas ici! madame Mouclier ne peut pas souffrir le feu.

BLANCHETTE.

Madame attend aussi madame Mouclier ?

SUZANNE.

Avec son mari. Fais le thé très-léger... Ah! est-on passé chez Julien pour les gâteaux ?

BLANCHETTE.

Oui, madame.

SUZANNE.

Tu sais si M. Mouclier les aime!...

BLANCHETTE.

Oh! ce serait à croire que cet homme-là ne mange qu'entre ses repas...

SUZANNE.

Le coussin!... Ah! ici!... (Blanchette le met devant le grand fauteuil.) Cache le pouf... M. Rodrigue n'aurait qu'à s'en emparer encore... et comme c'est moi qui l'ai brodé...

BLANCHETTE.

M. Rodrigue?...

SUZANNE.

Quoi ? tout te surprend! Ah! le tabouret près du piano... pour Ida.

BLANCHETTE, stupéfaite.

Mademoiselle Mouclier aussi... alors, c'est donc un bal ?

SUZANNE.

Là! Regarde donc notre ouvrage? On ne reconnaitrait plus le salon.

BLANCHETTE.

Ah! c'est un vrai déménagement !

SUZANNE.

Va préparer le thé, et que Noël ne reçoive personne! excepté...
(Coup de sonnette.)

BLANCHETTE, souriant.

Excepté tout le monde! Oui, madame.

NOEL, annonçant.

M. le docteur Machelard du Pluvinage.

SUZANNE, allant vivement à lui *.

Ah! ce bon docteur! Arrivez donc, docteur!

NOEL, à Blanchette.

Tu n'es pas malade?

BLANCHETTE, impatientée.

Ah! tu m'ennuies!
(Elle sort par la gauche.)

NOEL.

Ah! elle m'aime!...

SCÈNE V

LE DOCTEUR MACHELARD, SUZANNE.

SUZANNE.

Docteur, votre canne... Donnez, qu'on vous débarrasse. Noël?
(Noël prend la canne et le chapeau, les dépose au fond et sort.)

MACHELARD, très-agité.

Eh bien! chère madame, quelles nouvelles?

SUZANNE.

Excellentes, docteur.

MACHELARD.

Notre voyageur?

SUZANNE.

Paul est allé le prendre au débarcadère.

* Blanchette, Noël, Machelard, Suzanne.

MACHELARD.

Boulevard de l'Hôpital... à tout hasard, je me suis muni d'un *Indicateur*.

([illegible])

SUZANNE.

M. Régis arrive à Paris par le train de huit heures trente-cinq.

MACHELARD.

Heure militaire! Oh! les chemins de fer sont à la minute... à moins de retard. Huit heures trente-cinq, le temps de revendiquer les bagages, d'embrasser monsieur votre mari, l'octroi... du boulevard de l'Hôpital ici... mettons neuf heures et demie; nous avons... (Tirant sa montre.) à ma montre huit heures trente-cinq... mais j'avançais hier de vingt minutes... mettons cinq minutes depuis hier... qui de quarante-cinq ôte vingt-cinq... cinq de cinq zéro... deux de quatre deux... reste vingt... il est huit heures vingt, je vais comme la Bourse.

SUZANNE, riant.

Ah! mon cher docteur, je vous admire... Elle avance donc ainsi tous les jours?

MACHELARD.

Régulièrement, chère madame; c'est un chronomètre.

SUZANNE.

Ah! alors!...

MACHELARD.

Et ce jeune homme ne sait rien encore de nos projets?

(Il va s'asseoir sur la chaise basse.)

SUZANNE *.

M. Régis! pas un mot! Vous êtes le seul dans la confidence... avec la famille Mouclier, bien entendu.

(Elle s'assied devant la cheminée.)

MACHELARD.

Et Vernier?

SUZANNE.

Mon mari? il l'apprendra ce soir.

* Suzanne, Machelard.

MACHELARD.

Vous êtes bien certaine que le jeune homme en question rendra heureuse notre chère Ida?...

SUZANNE, parlant très-vite.

Ils sont faits l'un pour l'autre, vous dis-je! Aussi je n'ai pas perdu de temps! nous avons reçu le télégramme d'Étienne à midi... je prends la plume, je vous envoie un mot, je monte chez les Mouclier, ils allaient sortir, on m'annonce. — Je marie votre fille! — Mais... — Avec un ami à nous, M. Étienne Régis. — Nous ne le connaissons pas. — Vous ferez connaissance. — Quand? — Ce soir. — Où? — Chez moi. — Mais... — Pas de mais; je marie Ida. — Je rentre ici, Paul part pour le chemin de fer, je fais préparer le thé, vous arrivez... la famille Mouclier viendra tout à l'heure, Étienne va venir, ils se verront, ils se conviendront et ils s'épouseront. Voilà!

(Ils se lèvent.)

MACHELARD.

Ah! chère madame! que de reconnaissance!

SUZANNE.

Les mariages qui ne se concluent pas tout de suite, ne se concluent jamais. Aussitôt pris, aussitôt...

MACHELARD.

Pendu...

SUZANNE.

Marié!...

MACHELARD.

Les Mouclier donnent trois cent mille francs; moi, je compte faire quelque chose... Ah! je suis parrain de la jeune fille et je m'exécute. Chère enfant! puisse-t-elle être heureuse!...

(Il essuie une larme.)

SUZANNE.

Mais elle le sera, bon docteur.

MACHELARD, avec émotion.

Oui, plus heureuse que d'autres, grâce à vous, chère madame.

Ida aura pour soutien, pour guide dans la vie, quelqu'un qu'elle pourra aimer... estimer même... et qui n'effeuillera pas d'une main brutale les fleurs de sa jeunesse, ces premières fleurs qu'on ne revoit jamais! Elle sera la belle jeune femme qu'était madame Mouclier, sous Polignac!... (Coup de sonnette.) Ah! mon Dieu! si c'était?...

SUZANNE.

Mais non... nous avons une grande heure à nous.

M. MOUCLIER, au fond.

Allons, donnez-moi vos châles, vos manteaux...

SUZANNE.

Ce sont eux!

NOEL, annonçant.

M. et madame Mouclier... mademoiselle Ida Mouclier.

(Ils paraissent tous les trois.)

SCÈNE VI

LES MÊMES, M. et MADAME MOUCLIER, IDA.

SUZANNE.

Arrivez donc!..

MOUCLIER, entrant le premier.

Madame!..

MADAME MOUCLIER.

Bonsoir, chère bonne madame!

IDA.

Bonsoir, madame... mon parrain!..

MACHELARD.

Chère enfant!..

(Il l'embrasse sur le front.)

SUZANNE.

Noël, débarrassez donc M. Mouclier?..

MOUCLIER.

Ne faites pas attention.

SUZANNE, faisant asseoir madame Mouclier.

Je m'empare de vous.

MADAME MOUCLIER.

Pas trop près du feu, je vous en prie.

SUZANNE.

Ici...

MOUCLIER riant *.

Bon!... le feu!... (A sa femme.) Et si tu vas en enfer, comment feras-tu?

MADAME MOUCLIER.

Tu ris toujours. M. Mouclier!... Je n'aime pas qu'on plaisante avec ces choses-là... Tiens! tu me fais l'effet de Voltaire.

(Elle s'assied.)

MOUCLIER.

Moi!... Oh!...

SUZANNE.

Voyons! ne vous taquinez pas!... (A Ida.) Et vous, mon enfant, venez ici que l'on examine votre toilette!... Très-bien!... parfait!... Vous êtes à ravir!

(Elle lui arrange ses bandeaux.)

MACHELARD, d'un air attendri.

Chère enfant!

MADAME MOUCLIER, de même **.

Quand on pense que bientôt...

MOUCLIER, de même.

Ah!... enfin! c'est la vie!

MACHELARD.

Et pourvu qu'elle soit heureuse!

* Suzanne, M. Mouclier, madame Mouclier, Ida, le Docteur.

** Mouclier, madame Mouclier, Suzanne, Ida, le Docteur.

IDA, à Suzanne.

Ah! mon Dieu! c'est donc vrai!...

SUZANNE.

Quoi?

IDA.

Cette fois, c'est donc pour tout de bon?...

MACHELARD, aux Mouclier.

Vous lui avez dit?

MADAME MOUCLIER.

Rien encore.

MOUCLIER.

Pas un mot!

IDA.

Oh! je m'en doute: quand maman me dit de mettre ma robe blanche et mes bretelles mauve, je devine ce que cela veut dire, allez!

MOUCLIER.

Eh bien! oui! Il s'agit d'un établissement.

MACHELARD.

D'un mariage que madame Vernier a arrangé pour toi.

MADAME MOUCLIER.

Avec un jeune homme qui arrive de voyage.

IDA.

Ah! madame, que vous êtes bonne!...

MADAME MOUCLIER.

C'est à vous qu'elle devra son bonheur.

SUZANNE.

N'est-il pas naturel de chercher à faire des heureux? J'ai marié mes meilleures amies de pension... Claire, Agathe... et puis Juliette, que vous connaissez...

MOUCLIER.

Ah! oui... elle a épousé M. Leboueq.

MACHELARD.

Un mari-modèle, qui court toujours après... sa femme.

MOUCLIER.

Sans pouvoir jamais la rencontrer.

SUZANNE.

Je devais penser à votre fille... en attendant que je m'occupe du mariage de ma belle-sœur, qui sort demain du couvent...

MADAME MOUCLIER.

Mademoiselle Marguerite ?

IDA.

Marguerite sort du couvent ! quel bonheur !

SUZANNE.

Avec qui la marierai-je ? (Réfléchissant.) C'est si grave !... Je ne vois pas dans mes connaissances... enfin, j'y songerai... Elle n'a que seize ans... il n'y a pas encore de temps perdu !

MOUCLIER, impatient.

A propos, notre voyageur se fait bien attendre...

SUZANNE.

Un peu de patience !...

MACHELARD.

M. Vernier est allé le chercher à la gare.

SUZANNE.

L'express doit être à Paris maintenant.

MOUCLIER, tirant sa montre.

Il est ?...

MACHELARD, tirant la sienne.

Attendez !... je vais vous dire ça au juste... c'est un chronomètre !... Voyons, j'avançais hier de...

(Il fait un calcul mental.)

MOUCLIER.

Neuf heures !

MACHELARD.

Neuf heures dix !

(Ils se rejoignent tous deux sur le devant de la scène.)

MOUCLIER.

Et le train arrive à ?...

(Il tire un Indicateur de sa poche.)

MACHELARD, tirant le sien.

Ah ! Vous avez aussi un Indicateur ?...

MOUCLIER.

Oui, j'aime à me rendre compte par moi-même...

IDA.

Mais, papa, puisque l'express est arrivé.

MOUCLIER.

Je vais bien le voir (Dépliant son Indicateur.) « ... Ligne d'Orléans... »

MACHELARD, consultant le sien.

« .. Ligne du Nord... »

MOUCLIER.

Ça revient au même... (Lisant.) « ... Étampes... »

MACHELARD, de même.

« ... Creil... »

MOUCLIER.

« ... A Étampes... Buffet... » (Au docteur.) Avez-vous Buffet, vous?

MACHELARD.

Non !... Bifurcation.

MOUCLIER.

Ça revient au même.

(On entend sonner, émotion générale.)

TOUS.

Ah !

MADAME MOUCLIER.

On a sonné.

MACHELARD.

Si c'était?...

RODRIGUE, en dehors.

Au salon? Bien!... J'y vais...

MOUCLIER.

Non! Ce n'est que Rodrigue!

IDA.

Mon frère!

SCÈNE VII

LES MÊMES, RODRIGUE, type du gandin mal élevé *.

RODRIGUE, saluant Suzanne.

Madame... Tiens! le docteur!... bonsoir, docteur.

MACHELARD.

Bonsoir, mauvais sujet.

RODRIGUE, saluant.

Mes parents...

MOUCLIER.

Ah! te voilà, toi!

MADAME MOUCLIER.

Enfin!

SUZANNE.

Vous savez la grande nouvelle, M. Rodrigue?

MACHELARD.

Ta sœur...

RODRIGUE.

Oui, oui, je suis au courant de la situation, maman m'a honoré d'un autographe... (A Ida.) Petite sœur, on t'embrasse... Et soyons sage, mademoiselle!

* Mouclier, le Docteur, Rodrigue, madame Mouclier, Suzanne, Ida.

IDA, lui tournant le dos.

Tu m'ennuies!

MADAME MOUCLIER.

Ida!...

(Le docteur remonte.)

RODRIGUE.

Elle s'exerce pour le ménage... Ah çà! Et ce prétendu?.. ce voyageur?... Il n'est pas encore dans nos murs?...

MOUCLIER.

Il me semble que tu pourrais être plus sérieux, alors qu'il s'agit de l'avenir de ta sœur.

RODRIGUE.

Oh! l'air grave et solennel!... je passe la main.

MADAME MOUCLIER.

Rodrigue!...

MOUCLIER.

Pourquoi n'es-tu pas venu dîner à la maison?

RODRIGUE.

Ah! dame! écoute donc, papa, c'est que le régime...

(Tous se sont assis excepté Rodrigue.)

MOUCLIER *.

Quoi! le régime?...

RODRIGUE, à Suzanne.

Figurez-vous, madame, que papa a pris l'habitude de faire dîner sa famille à l'anglaise. Toujours du rosbif saignant... et des pommes de terre en robe de chambre... en robe de chambre à six heures et demie! Je demande qu'elles aient une tenue plus convenable.

MADAME MOUCLIER.

Je m'en contente pourtant, ainsi que ta sœur.

MOUCLIER.

Mais non!... il faut à monsieur la Maison-d'Or, le café Anglais!

* Mouclier, Rodrigue, madame Mouclier, Suzanne, Ida, le Docteur.

RODRIGUE.

Pas du tout, nous dînons tous chez Bignon, maintenant... Enfin Ida va se marier ; j'irai dîner chez elle... Sois tranquille, petite sœur, je me charge de la table... Truffes, écrevisses et champagne frappé... c'est ça qui a de l'allure !

MACHELARD, dans le fauteuil à côté de la cheminée.

Oui!... et au bout de quelques années, l'estomac n'en a plus... de l'allure.

RODRIGUE.

Bah! l'estomac... c'est un détail.

MOUCLIER, haussant les épaules.

Gandin, va!...

RODRIGUE.

Gandin, moi? Parce que je vais aux premières, que je suis les courses et que je porte des gants frais? Ma situation à la Bourse m'en fait un devoir.

MOUCLIER.

Ta situation à la Bourse! Tu me fais rire!... Qu'est-ce que tu as mis de côté ?

RODRIGUE.

Mes dettes.

MACHELARD.

Ah ! joli!...

MOUCLIER, s'emportant.

Et tu oses t'en vanter!...

IDA, pour le calmer.

Papa!

SUZANNE.

Allons, cher M. Mouclier, ne vous emportez pas!

MACHELARD *.

Vous n'êtes pas chez vous!

* Rodrigue, M. et madame Mouclier, Suzanne, Ida, le Docteur.

SUZANNE.

Il s'amendera... nous le marierons!

RODRIGUE.

Me marier!... Ah! merci! Le mariage à mon âge, on n'en veut plus.

MADAME MOUCLIER.

Mon fils!

MOUCLIER, sévèrement.

A votre âge, monsieur, j'avais épousé votre mère. On voulait encore du mariage, à cette époque-là... et je regrette pour vous que nous ne soyons pas nés à la même époque.

RODRIGUE.

Alors, dis tout de suite que tu regrettes que je ne sois pas ton grand'père, papa.

MOUCLIER.

Silence!

MADAME MOUCLIER.

En voilà assez, Rodrigue.

MACHELARD, à Suzanne.

Il a du cœur! mais une tête!...

SUZANNE.

D'ailleurs, quant à présent il n'est pas question de lui, mais de sa sœur.

MACHELARD.

C'est juste! c'est parfaitement juste!

NOEL, annonçant.

M. Pimorin, notaire.

TOUS, étonnés.

Un notaire!...

(On se lève.)

SUZANNE.

Un jeune et charmant notaire, un ami de collége de mon

mari et de M. Régis... vous comprenez? Je l'ai fait prier de passer ici ce soir, muni de tous les titres, baux, contrats, établissant l'avoir de son client ; de cette façon, M. et madame Mouclier seront édifiés sur la fortune de leur futur gendre.

MACHELARD.

Quelle excellente idée!

M. ET MADAME MOUCLIER.

Admirable!

SUZANNE, à Noël.

Faites bien vite entrer M. Pimorin.

RODRIGUE, à part.

Des chiffres! comme c'est amusant!...

(Il prend son album, s'assied et le feuillette.)

NOEL, introduisant Pimorin.

Entrez monsieur!

(Il sort.)

SCÈNE VIII

LES MÊMES, PIMORIN, avec une serviette de notaire.

PIMORIN, saluant.

Mesdames et messieurs, mes très-humbles respects...

SUZANNE.

Venez, cher maître, venez!

PIMORIN.

Je me rends à vos ordres, chère madame. Paul va bien?...

SUZANNE.

Très-bien. Je vous remercie de votre exactitude. M. Régis ne tardera pas à arriver... Asseyez-vous vite, vite, vite? nous vous écoutons.

PIMORIN, à Suzanne qui lui offre un fauteuil *.

Mille grâces, madame (S'asseyant ainsi que les autres personnages.)

* Mouclier, Ida, madame Mouclier, Pimorin, le Docteur, Suzanne, Rodrigue.

Ah! ah! mon client se décide à se marier, à subir la loi commune. Il va plus vite que moi.

SUZANNE.

C'est vrai, au fait, vous êtes célibataire? Un notaire! c'est immoral... Nous en causerons! Aujourd'hui, il s'agit d'un projet formé en l'absence de M. Régis.

MACHELARD.

Une surprise que nous lui réservons pour son arrivée.

PIMORIN.

Ah! fort bien!... Le bonheur lui est venu... en voyageant! (Il rit.) Hi, hi, hi. Je comprends... je comprends!... (Dépliant sa serviette.) « Dossier Étienne Régis, nº 7237... » Voici l'état de notre fortune au présent jour : (Lisant.) « Un château style renais-» sance, à cinq kilomètres de Blois (Loir-et-Cher), plus une » ferme y attenant, contenance : 41 hectares, 64 ares, 17 cen-» tiares... »

SUZANNE.

Bien!...

MOUCLIER.

Permettez! Une ferme en Sologne, mauvais rapport! nous la vendrons ..

RODRIGUE.

La Sologne!... mais c'est plein de gibier!... Vendre la ferme!... Je m'y oppose... et la chasse donc!

MOUCLIER, pour le faire taire.

Rodrigue...

RODRIGUE.

Je m'y campe avec mes amis... nous t'enverrons des lièvres, petite sœur!... Vendre la ferme!... Ah! vous avez de jolies idées, vous!...

MADAME MOUCLIER.

Voyons!... Te tairas-tu?...

SUZANNE, à Pimorin.

Veuillez continuer, cher maître...

PIMORIN.

« 2° Nous tenions du chef de notre mère une maison de rap-
» port, sise rue Saint-Martin ; nous avons été expropriés de
» notre immeuble pour l'emménagement d'un square... L'indem-
» nité payée s'est élevée à cent quatre-vingt mille francs. »

SUZANNE.

Bien !

MOUCLIER.

Bien !

PIMORIN.

« 3° Nous étions aussi propriétaire de cinq cent vingt-huit
» mètres de terrain, place Vintimille, qui ont également été ex-
» propriés pour l'aménagement d'un square... »

RODRIGUE, riant.

Quelle chance !

MOUCLIER.

Chut donc !

PIMORIN.

« Indemnité : cent douze mille francs. 4° Une créance de
» 92,000 francs, garantie par privilége de vendeur. »

SUZANNE.

Bien !

MACHELARD.

Bien !

PIMORIN.

« 5° 112 actions d'Orléans. Et enfin nous habitions person-
» nellement rue Montholon, un petit hôtel qui a été pareillement
» exproprié... »

RODRIGUE.

Pour l'aménagement d'un square.

PIMORIN.

« Indemnité : 145,000 francs : ce qui porte notre fortune à
» 788,794 francs, donnant un revenu net de 31,550 francs. »

MOUCLIER, se levant.

C'est joli !

MACHELARD, se levant.

C'est superbe !

RODRIGUE, se levant.

Peste ! voilà un total qui se porte bien !

MADAME MOUCLIER.

Et si, avec cela, le prétendu convient à ma fille...

MOUCLIER.

Car vous sentez, chère madame, que nous ne voudrions pas la forcer...

MACHELARD, attendri.

Oh ! jamais, chère enfant !

(Il va l'embrasser.)

SUZANNE.

Il lui conviendra, j'en réponds...

PIMORIN, à part.

Comment ! le mariage n'est pas plus avancé que ce'a ?...

BLANCHETTE, accourant par le fond, suivie par Noël.

Madame... Madame !... Voilà monsieur ?

NOEL.

Avec son ami !

(Émotion générale, tout le monde est levé.)

SUZANNE.

Étienne !... (A Pimorin). Vite, M. Pimorin, partez !...

MACHELARD.

Qu'il ne vous voie pas ! qu'il ne se doute de rien !...

SUZANNE, lui ouvrant une porte latérale à droite.

Passez par ici... Noël va vous conduire...

PIMORIN, riant.

Très-bien !... je me sauve !...

MACHELARD.

Adieu ! cher maître, adieu !

(Pimorin sort.)

SUZANNE *.

Toi, Blanchette, fais servir le thé!

BLANCHETTE.

Tout de suite, madame.

(Elle sort.)

SUZANNE, très-agitée.

Ce bon Étienne!... enfin!... enfin! Le voici!...

MADAME MOUCLIER.

Vite, Ida, prends une pose modeste.

IDA.

Oui, maman !

MOUCLIER.

Baisse les yeux.

IDA.

Oui, papa.

MOUCLIER, très-furieux.

Et toi, Rodrigue, de la tenue ! nous allons le voir.

RODRIGUE, les regardant.

En font-ils des façons !... Ce monsieur-là, c'est donc Abd-el Kader ?

PAUL, en dehors.

Mais oui ! mais oui !... je te répète qu'il n y a personne !...

TOUS.

Ah !

SUZANNE.

C'est lui !

MOUCLIER.

Mon gendre !...

* Rodrigue, Mouclier, Ida, madame Mouclier, le Docteur, Suzanne.

SCÈNE IX

LES MÊMES, moins PIMORIN, ÉTIENNE, PAUL.

ÉTIENNE, entrant et sautant au cou de Suzanne.

Ma chère Suzanne !

SUZANNE.

Étienne !

PAUL, sans voir d'abord personne.

Gronde-le ! Il ne voulait pas venir !

SUZANNE.

Par exemple !

ÉTIENNE.

Si fait ! si fait ! seulement, je... (Apercevant les étrangers.) Ah ! du monde !

PAUL, de même, à part.

Les Mouclier !... et le docteur !...

ÉTIENNE, à Paul.

Eh bien !... tu est gentil, toi ?

PAUL, bas à Étienne.

Est-ce que je savais...

(Il salue la famille Mouclier.)

ÉTIENNE.

Vraiment, je suis confus... ce négligé de voyage...

SUZANNE *.

On vous excusera...

MOUCLIER.

Certainement !...

MACHELARD.

Comment donc ! un touriste !

* Rodrigue, Mouclier, Ida, madame Mouclier, Suzanne devant les Mouclier, Étienne, le Docteur, Paul.

SUZANNE, présentant Étienne.

M. Étienne Régis! (On se salue.) M. et madame Mouclier!... (Saluts.) M. Rodrigue Mouclier, leur fils, mademoiselle Ida Mouclier, leur fille...

PAUL, à part.

Toute la tribu!

SUZANNE *.

Une belle et charmante enfant, qui est un peu ma fille aussi.

MOUCLIER, galamment.

Trop peu, madame!

PAUL, à part.

Merci!...

ÉTIENNE, saluant.

Mademoiselle...

IDA, baisssant les yeux.

Monsieur... (A part.) Il est très-bien!

MADAME MOUCLIER, bas à Mouclier.

Ils ont rougi!

SUZANNE, présentant le docteur.

Et M. Machelard du Pluvinage, notre excellent docteur.

PAUL, à part.

La collection est complète!

MADAME MOUCLIER.

C'est à lui que je dois d'avoir ma fille...

MACHELARD.

Oh!...

MADAME MOUCLIER.

Chère enfant!

MOUCLIER.

Il m'a tiré d'une fluxion de poitrine, comme je n'en souhaiterais pas une à mon meilleur ami!

* Rodrigue, M. et madame Mouclier, Suzanne, Ida, Étienne, le Docteur, Paul.

SUZANNE.

Et Blanchette, ma sœur de lait, c'est encore lui qui l'a sauvée !

ÉTIENNE, bas à Paul.

Ah çà ! il a donc sauvé tout le monde ?

PAUL, bas.

Tout le monde ! Il aura la médaille !

NOEL, entrant avec un plateau, une théière, des tasses, des gâteaux, qu'il pose sur un guéridon.

Madame, voici le thé !

ÉTIENNE.

Un thé !... Ah ! décidément, c'est une trahison, je m'en vais !...

SUZANNE, le menaçant du doigt.

Étienne !... nous nous fâcherons...

ÉTIENNE.

Eh bien non !... non, là ! je reste...

TOUS, avec satisfaction.

Ah !...

SUZANNE.

A la bonne heure ! (Versant le thé.) Une tasse de thé, chère madame ?

MADAME MOUCLIER.

Volontiers !... avec de la crème ?...

SUZANNE.

Allons, Paul, sois galant !... Sers donc madame Mouclier !

PAUL, prenant la jatte à crème et avec l'intonation du garçon de café.

De la crème !... voilà, voilà !... boum !...

MACHELARD, à Étienne *.

Vous aimez à voyager, monsieur ?

ÉTIENNE.

Beaucoup, docteur.

* Rodrigue, M. Mouclier, Ida, madame Mouclier, Suzanne, Paul, Étienne, le Docteur.

MADAME MOUCLIER.

C'est comme moi, j'adore les voyages. L'été dernier, nous sommes allés au Havre. Connaissez-vous le Havre, M. Régis ?

ÉTIENNE.

Je l'ai traversé plusieurs fois, madame.

MADAME MOUCLIER.

Ah ! le Havre ! C'est charmant !

MOUCLIER et MACHELARD.

Charmant !

ÉTIENNE, offrant une tasse à Ida.

Mademoiselle ?...

IDA, remerciant *.

Monsieur ?...

MADAME MOUCLIER, bas à son mari, en lui indiquant de l'œil Étienne et Ida.

Mouclier...

MOUCLIER, bas.

Je vois bien !

MACHELARD, à part, avec satisfaction.

Ça marche ! ça marche ! (Haut à Étienne.) Et d'où arrivez-vous cette fois, jeune homme ?

ÉTIENNE.

De partout.

(On est assis, excepté Mouclier, Suzanne et Rodrigue.)

MOUCLIER, cherchant.

Partout !... A quelle distance de Paris ?...

ÉTIENNE, gaiement

Mais, à vingt mille francs, à peu près...

MOUCLIER, comprenant.

Ah ! oui !... ah ! bon !... (Bas à sa femme.) Il a de l'esprit !

* Le Docteur, Étienne, Ida, Mouclier, madame Mouclier, Suzanne, Rodrigue, Paul.

ÉTIENNE, sucrant et buvant son thé.

De partout... et notamment des Indes où les Aztèques m'ont nommé Cacique... rien que cela !...

TOUS.

Cacique !...

RODRIGUE.

C'est ça qui a de l'allure !

ÉTIENNE.

Mais je me suis lassé des honneurs.

RODRIGUE.

Pourquoi ?

ÉTIENNE.

On mangeait trop de bosses de bison.

MADAME MOUCLIER, bas.

Ah ! quelle horreur ! (Bas à son mari.) Qu'est-ce que c'est ?

MOUCLIER, bas.

Un fruit sauvage, probablement.

ÉTIENNE.

Repas du matin...

RODRIGUE.

Chagrin !

ÉTIENNE.

Bosse de bison ! Repas du soir...

TOUS.

Eh bien ?

ÉTIENNE.

J'attends que monsieur ajoute : Espoir !

RODRIGUE, à part.

Il me blague !... Il me va !

ÉTIENNE.

Repas du soir...

RODRIGUE.

Espoir !

ÉTIENNE.

Merci ! Bosse de bison. J'ai donné ma démission, et je suis revenu...

MOUCLIER, bas.

Il est très-gai !

MADAME MOUCLIER, bas.

Très-aimable !

MACHELARD, bas.

Une conversation des plus instructives !...

MOUCLIER.

Pardon, monsieur !... mais toujours aller et venir, avec des bagages, ça doit être fatigant, à la longue ?

SUZANNE.

Aussi Étienne commence-t-il à être un peu las...

ÉTIENNE.

Moi ?...

SUZANNE, offrant des gâteaux.

Oui... oui... Oh ! vous ne l'avouez pas par amour-propre... mais je gage bien que...

ÉTIENNE.

Allons donc ! Je suis prêt à recommencer

LES MOUCLIER et MACHELARD.

Hein ?...

SUZANNE.

Quelle folie ! Vous exposer à toutes les fatigues, tous les dangers de cette vie nomade, quand vous pourriez être choyé, dorloté, dans un petit coin bien à vous, par des cœurs bien à vous aussi !... Voyons, Étienne, est-ce que quelquefois l'idée de ce bonheur tranquille ne vous est pas venue ?

PAUL, à part.

Tiens ! tiens !... Est-ce que par hasard ?...

ÉTIENNE.

Ma foi, non, jamais! Je ne tiens à rien, moi. Je n'ai pas de famille...

SUZANNE.

On peut s'en faire une...

MADAME MOUCLIER.

Sans doute. Il ne faudrait pour cela...

MOUCLIER *.

Que se créer un intérieur...

(La famille prend une pose comme pour se faire photographier.)

RODRIGUE à part.

Ne bougeons plus!

MACHELARD.

Un intérieur agréable, paisible...

RODRIGUE, quittant la position.

C'est fait! seulement maman a bougé!

PAUL, à part, se levant.

J'y suis!... la conspiration du mariage!... Ah! Suzanne! (Haut et gaiement à Étienne.) Cacique, encore une tasse de thé?

ÉTIENNE, se levant et allant à Paul.

Soit!... Et des gâteaux! car je t'avouerai que j'ai besoin de me refaire...

MADAME MOUCLIER, à part, se levant.

Se refaire!

(Elle lui offre des gâteaux.)

MOUCLIER.

Se refaire... hum!... hum!... (Bas à Machelard.) Examinez-le donc, docteur, sans avoir l'air.

MACHELARD, bas.

Oui!... oui, fiez-vous à moi... (S'approchant d'Étienne qui croque des gâteaux.) Ah! dame! les changements de climats, les va-

* Suzanne, le Docteur, Étienne, Rodrigue, M. Mouclier, madame Mouclier, Paul.

riations atmosphériques ébranlent les plus forts tempéraments ! Est-ce que vous souffrez quelquefois ?

ÉTIENNE *

Plait-il ?

MACHELARD.

Permettez...

(Il lui tâte la poitrine.)

PAUL, à part.

Il l'ausculte !.

MACHELARD.

Jamais de douleurs là ?...

ÉTIENNE.

Je n'ai pas fait attention.

MOUCLIER, à part.

Hum ! hum !

MACHELARD.

Et le sommeil ?...

ÉTIENNE.

Excellent !

MACHELARD.

L'appétit ?...

ÉTIENNE.

Je dévore !

MACHELARD.

Toussez !.

ÉTIENNE.

Hein ?...

MACHELARD.

Toussez !.

(Il écoute dans le dos d'Étienne.)

ÉTIENNE.

Si ça peut vous être agréable...

(Il tousse.)

* Mouclier, Rodrigue, Ida, madame Mouclier, le Docteur, Étienne, Suzanne, Paul.

MACHELARD.

Le coffre est bon !

ÉTIENNE.

Eh !... (A part.) Qu'est-ce qu'ils ont donc ?

PAUL, à part.

Essayons de le noyer ! (Haut.) Si, pour passer le temps, nous faisions un whist ?

RODRIGUE.

Ou un baccarat ! (A Étienne.) Vous devez aimer le baccarat, vous ?

PAUL.

Ah ! je crois bien ! C'est le plus grand joueur...

ÉTIENNE.

Moi !... je n'ai jamais touché une carte de ma vie.

LES MOUCLIER, avec satisfaction *.

Ah !

PAUL, à part.

Le malheureux !... il nage !...

MACHELARD.

Oui, vous préférez d'autres distractions.

MOUCLIER.

Les spectacles ?...

RODRIGUE.

Les coulisses ?... C'est amusant !

ÉTIENNE.

Il y a plus d'un an que je n'ai mis le pied dans un théâtre.

LES MOUCLIER.

Ah !

MOUCLIER.

Cependant, un jeune homme doit passer son temps à quelque chose... Vous vous occupez de politique, peut-être ?

* Sur le devant : Mouclier, Étienne, le Docteur, Paul, Detrière, Rodrigue, Ida, madame Mouclier, Suzanne.

ÉTIENNE.

De politique?... Oh!

SUZANNE.

Lui! Étienne!... de politique!...

MOUCLIER.

Sans être trop curieux, quelles sont vos opinions?

PAUL, à part.

S'il pouvait dire qu'il fait des barricades!

ÉTIENNE.

Mes opinions?...

MOUCLIER.

Oui...

ÉTIENNE, à part.

Ah çà! c'est un interrogatoire!... (Haut.) Mes opinions... ma foi, je n'en ai pas.

PAUL, à part.

Il nage! il nage!

MACHELARD, savourant sa tasse de thé.

Bien! jeune homme, bien! J'aime votre noble indifférence; votre main!

ÉTIENNE.

Très-volontiers, docteur.

MACHELARD, s'animant.

Nous n'avons que trop de ces esprits inquiets, de ces natures chagrines qui, par des opinions intempestives, entravent la marche des gouvernements. Parce que vous comprenez bien ceci: moi, gouvernement, j'ai une idée; vous, vous en avez une autre: vous m'entravez!...

(Il boit.)

ÉTIENNE, le regardant avec stupeur.

C'est évident!

PAUL.

C'est clair!

MACHELARD, avec énergie.

Vous n'avez aucune opinion, tout vous est parfaitement indifférent, touchez-là! vous êtes un honnête homme!

ÉTIENNE, à part.

Qu'est-ce que c'est que ces gens-là?... Ils sont assommants.

PAUL, à part.

Pauvre Étienne! je vais lever la séance. (Regardant la pendule. Ah! mon Dieu! déjà onze heures! Si nous voulons faire un whist...

MADAME MOUCLIER.

Si tard!... vois-tu, M. Mouclier, M. Régis a besoin de repos... il faut nous retirer....

SUZANNE *.

Comment!... vous partez déjà?...

MADAME MOUCLIER.

Il le faut! chère madame!

PAUL, à part, avec joie.

Enfin!...

RODRIGUE, à part.

Je vais fumer un fameux cigare, moi!

MOUCLIER, à Étienne.

Monsieur... enchanté d'avoir fait votre connaissance,

MACHELARD, à Étienne.

Nous nous reverrons, jeune homme, je l'espère.

MADAME MOUCLIER, très-gracieuse.

Nous l'espérons tous!...

ÉTIENNE, s'inclinant.

Madame... (Saluant Ida.) Mademoiselle.

RODRIGUE, lui tendant la main.

Au revoir, mon bon!

* Paul, Mouclier, Ida, madame Mouclier, Suzanne, Étienne, le Docteur, Rodrigue.

ÉTIENNE, gaiement.

Au revoir, mon très-bon!

LES MOUCLIER ET MACHELARD, saluant Paul.

M. Vernier...

(Paul salue.)

SUZANNE.

Permettez que je vous reconduise jusqu'à l'antichambre. (Bas.) Eh bien?

LES MOUCLIER ET MACHELARD, confusément, en sortant avec Suzanne.

Ravis!... enchantés!... Excellent parti!...

RODRIGUE, sortant le dernier.

Il me va à moi!... il me va!...

SCÈNE X

PAUL, ÉTIENNE, puis SUZANNE.

ÉTIENNE, respirant.

Ouf!...

PAUL, de même.

Sauvé, mon Dieu!... Ce pauvre Étienne! — Tu ne t'attendais pas aux Mouclier, toi!... moi non plus, du reste... (Lui serrant les mains.) Pardon, cher ami, pardon! enfin! nous en voilà débarrassés!

(Ils s'asseyent tous deux sur le canapé.)

SUZANNE, rentrant précipitamment et allant à Étienne.

C'est fait!

ÉTIENNE, étonné.

Hein?...

SUZANNE.

C'est arrangé!

ÉTIENNE.

Arrangé... quoi?

SUZANNE.

Vous ne comprenez pas?... vous plaisez!...

PAUL, riant.

Tu plais!

ÉTIENNE.

A qui?...

SUZANNE, très-vite.

A madame Mouclier, à M. Mouclier, au fils Mouclier, au docteur, à Ida... Ils sont tous coiffés de vous.

ÉTIENNE, froidement.

Ah!

PAUL, à part.

Qu'est-ce que je disais?...

SUZANNE.

Dans trois jours on publie les bans, et dans quinze, le mariage!

ÉTIENNE.

Quel mariage?

SUZANNE.

Le vôtre!

PAUL.

Le tien, parbleu!

ÉTIENNE, bondissant et se levant.

Le mien?...

SUZANNE.

Eh oui! je vous marie!

ÉTIENNE.

Moi?... avec qui?...

PAUL, se levant.

Avec Ida Mouclier.

ÉTIENNE.

Allons donc! quelle plaisanterie!

SUZANNE.

Rien n'est plus sérieux.

ÉTIENNE, prêt à sortir.

Mon chapeau!...

PAUL *.

Où vas-tu?...

ÉTIENNE.

Chez les Esquimaux!

SUZANNE.

Étienne!... voyons donc!... Écoutez-moi!...

ÉTIENNE, revenant.

Mais je n'aime pas cette demoiselle.

SUZANNE.

Vous l'aimerez.

ÉTIENNE.

Jamais!

SUZANNE.

Une jolie figure, une éducation parfaite, 300,000 francs de dot!

ÉTIENNE.

Qu'est-ce que ça me fait?...

SUZANNE.

Sans compter ce que M. Machelard, son parrain, doit donner au contrat.

ÉTIENNE.

Qu'il le garde! (Passant devant elle avec une fureur comique.) Ah! vous invitez les gens à prendre une tasse de thé, et il y a une demoiselle au fond de la théière!...

(Il va se rasseoir sur le canapé.)

PAUL, assis près du guéridon **.

Au fait, pourquoi veux-tu le marier, ce garçon? Il ne t'a rien fait!...

SUZANNE.

Oh! toi, tu n'as pas la parole!... (A Étienne d'un ton câlin, en s'asseyant à côté de lui.) Réfléchissez donc un peu, grand enfant!

* Paul, Suzanne, Étienne.

** Étienne, Suzanne, Paul.

un mariage convenable, avantageux! que j'ai arrangé pour vous...

ÉTIENNE.

Eh bien!... oui!.... c'est très-gentil... Je vous remercie de l'intention, mais...

SUZANNE, très-doucement.

Mais quoi?... mais quoi?... qu'avez-vous à objecter?... voyons.

ÉTIENNE, tenant les mains de Suzanne.

Songez donc, ma petite Suzanne, avec mon humeur voyageuse... moi qui aime à courir le monde...

SUZANNE.

Vous emmènerez votre femme.

PAUL.

Ah! bon! avec ça que c'est commode, les femmes en voyage...

SUZANNE.

Hein?... veux-tu te taire!

PAUL.

Les malles, les cartons...

ÉTIENNE.

Gravissez donc les Cordilières avec deux cents kilos de bagages!... Et puis les excédants à payer dans les chemins de fer!...

SUZANNE.

Les belles raisons! si vous n'en avez que de cette force-là contre le mariage...

ÉTIENNE.

J'en ai d'autres.

PAUL.

Parbleu!

SUZANNE.

Lesquelles? ah! je suis curieuse de les connaître!...

ÉTIENNE, cherchant.

D'abord... d'abord, je ne me soucie pas d'être empoisonné.

(Il se lève.)

SUZANNE.

Empoisonné ?...

ÉTIENNE.

Lisez la *Gazette des Tribunaux* !

SUZANNE, se levant.

Heureusement les honnêtes femmes sont en majorité, messieurs les méchants rieurs !

ÉTIENNE, avec une gravité comique.

Les honnêtes femmes !... oh ! oh ! ne pas trop s'y fier !...

SUZANNE, indignée.

Par exemple !...

ÉTIENNE.

Voyons, Dalila n'était pas une honnête femme ; c'était une folle créature, n'est-ce pas ?

SUZANNE.

Eh bien ?...

ÉTIENNE.

Elle a coupé les cheveux à Samson. Judith, c'était une honnête femme, celle-là ?

SUZANNE.

Sans doute ; après ?...

ÉTIENNE.

Après ?... Elle a coupé la tête à Holopherne. Les cheveux, passe encore !... ça repousse... mais la tête !...

PAUL.

C'est bien rare !

SUZANNE *.

Ah ! vous m'impatientez tous les deux ! Vous êtes insupportables, avec vos plaisanteries. — (Arrivant peu à peu au paroxysme d'une colère comique.) Eh bien, ne vous mariez pas, mon cher M. Régis. Le mariage !.. Qu'est-ce que ce bonheur calme, en

* Étienne, Paul, Suzanne.

effet ? Mais c'est révoltant ; ce n'est pas possible !... Moi, un homme intelligent, lier ma vie à celle d'une petite sotte ? Allons donc ! Vive le plaisir ! vivent ces demoiselles qui sont si aimables, si spirituelles... Dieu ! quel esprit ! quel cœur ! Ah ! voilà des femmes ! — Eh bien, voulez-vous que je vous le dise, vous vieillirez et vous serez seul au monde, et ça sera bien fait ! Vous souffrirez, nul ne vous plaindra, bien au contraire, on se moquera de vous et ça sera bien fait ! Je vous vois déjà à moitié ruiné par vos amours banales, abandonné par vos amitiés d'une heure, volé, pillé par des valets, odieux à tout le monde et à vous-même, vieux, bougon, perclus... avec des béquilles...

ÉTIENNE.

Ah ! mon Dieu !

SUZANNE.

Et ça sera bien fait ! ça sera bien fait !

PAUL, se levant *.

Mais quelle rage as-tu de marier les gens malgré eux ! M. Leboucq, passe encore ! Il était de bonne volonté, celui-là ! Mais comment ! voilà Étienne, notre ami, qui est heureux, libre, indépendant, et tu veux qu'il troque ce bonheur, cette liberté, contre des tracas, des ennuis !.. Vraiment, ma chère, cela n'a pas le sens commun, et Étienne serait bien fou de t'écouter.

SUZANNE.

Laisse-nous tranquilles, toi ; laisse-le parler. Voyons, Étienne, sérieusement ?

ÉTIENNE.

Soit ! Eh bien ! sérieusement... je refuse !

SUZANNE.

Décidément ?

ÉTIENNE.

Décidément !

PAUL.

Il a raison, mille fois raison ! — Moi, je les ai en horreur, ces Mouclier.

* Paul, Suzanne, Étienne.

SUZANNE, avec dépit.

Alors, c'est bien ! Je m'étais engagée avec cette famille, parce que ce mariage, selon moi, devait assurer votre bonheur... mais du moment qu'il ne vous convient pas et que Paul vous approuve — car tu l'approuves ? — c'est à toi de dégager ma parole...

PAUL.

A moi ?..

SUZANNE.

Écris à M. Mouclier, arrange tout cela comme il te plaira...

PAUL.

Mais...

SUZANNE.

Cela ne me regarde plus.

ÉTIENNE.

Ma chère Suzanne !

PAUL.

Permets donc !...

SUZANNE.

Arrange-toi ! Cela ne me regarde plus !...

(Elle rentre chez elle, à gauche.)

PAUL, la suivant.

Suzanne !... (Revenant.) Me voilà bien !.. Voyons, Étienne, si pourtant...

ÉTIENNE.

Bonsoir !.. je vais me coucher !

PAUL.

Mais écoute donc...

ÉTIENNE, remontant.

Rien !

PAUL, le suivant.

La famille Mouclier...

ÉTIENNE.

Arrange-toi... ça ne me regarde pas!.. Arrange-toi!..

(Il sort par la droite.)

SCÈNE XI

PAUL, puis NOEL, puis LEBOUCQ.

PAUL, seul.

Arrange-toi!.. arrange-toi!.. Voilà une corvée!.. (Regardant la cheminée.) Et le feu qui s'est éteint!.. (Appelant et sonnant.) Noël! Cet imbécile de Noël, où est-il encore?.. près de sa femme... je le parierais!.. J'étais content de lui, il y a un mois; mais Suzanne l'a marié, et depuis ce temps... (Il sonne très-fort.) pas moyen de me faire servir!.. Ah!.. le voilà! c'est heureux!..

NOEL, accourant.

Monsieur, c'est M. Leboucq?

PAUL, étonné.

M. Leboucq!.. à près de minuit!.. Qu'est-ce qu'il me veut?.. (A lui-même.) Encore un mari de la façon de Suzanne!.

LEBOUCQ, s'avançant*.

Pardon de vous déranger! Je viens chercher Juliette.

PAUL.

Madame Leboucq?.. mais nous ne l'avons pas vue.

LEBOUCQ.

Ah bah! c'est singulier!.. Elle devait passer la soirée chez vous... Elle aura changé d'idée.

PAUL.

C'est probable!..

LEBOUCQ.

Quelle tête!.. Où est-elle allée?.. Pourvu encore qu'elle ait trouvé une voiture.

* Leboucq, Paul.

PAUL.

On lui en aura fait prendre une.

LEBOUCQ.

Espérons-le! Bonsoir, M. Vernier! mes compliments à madame?

PAUL.

Mille fois trop bon!

LEBOUCQ.

Ne vous dérangez pas! ne vous dérangez pas!...

(Il sort.)

ACTE DEUXIÈME

Même décor.

SCÈNE PREMIÈRE

NOEL, puis PAUL.

NOEL, les cheveux en désordre, se précipite en scène tenant une brosse d'une main et un habit de l'autre.

Oh! mon Dieu!.. oh! mon Dieu! oh! j'ai des vertiges!.. j'ai des vertiges!... Oh! si je le tenais, s'il était là!

(Il lève brusquement sa brosse.)

PAUL, entrant *.

Ah çà! maître butor... tu ne peux pas faire attention?

NOEL, grinçant des dents.

Ce n'est rien, monsieur, je brosse.

(Il brosse l'habit avec frénésie.)

PAUL.

Avance ici!

NOEL.

Oui, monsieur. (A part.) Ah! la malheureuse!

PAUL.

As-tu porté ma lettre à madame Mouclier?

NOEL.

Oui, monsieur. (A lui-même.) Après des serments solennels.. solennels!..

PAUL.

Noël!

* Paul, Noël.

NOEL.

Monsieur!

PAUL.

Madame Mouclier?...

NOEL.

Ah! bon!.. Les époux Mouclier prenaient leur chocolat en tête-à-tête, car ils s'aiment, eux, les époux Mouclier!

PAUL.

Oui... les singes aussi!... passons?

NOEL.

Madame Mouclier a lu la première.

PAUL.

Ah!

NOEL.

Soudain, elle a pâli... puis elle s'est écriée : ah! c'est infâme!

PAUL.

C'est parfait; après?

NOEL.

Elle a tendu la lettre à son mari; soudain...

PAUL.

Il a pâli?

NOEL.

Non, monsieur, il est devenu rouge comme un coq.

PAUL.

Encore un ménage qui ne s'entend pas... c'est effrayant!

NOEL.

Puis il s'est écrié : « Ah! quelle infamie!.. » puis, ils se sont affaissés sur eux-mêmes, et je crois, révérence parler, qu'ils se sont évanouis.

PAUL.

Tu leur as prodigué des soins?

NOEL.

Non, monsieur, j'ai salué, et je suis parti.

PAUL.

Bravo!.. Je suis débarrassé de ces gens-là!.. J'ai échenillé ma maison : la gaité va pouvoir y fleurir à son aise... ouf!

NOEL, froissant l'habit dans ses deux mains*.

Oh! la malheureuse, la malheureuse!

PAUL.

Malheureuse? qui? qui, malheureuse? Ah çà! qu'est-ce que tu tortilles là?

NOEL.

Votre habit, monsieur.

PAUL.

Mon *Chevreuil!* assassin que tu es!

(Il le lui arrache.)

NOEL.

Ah! monsieur, que voulez-vous! parfois le cœur souffre et se brise, n'est-ce pas? Ah! la malheureuse!.. la malheureuse!

(Il tombe accablé sur un canapé.)

PAUL.

Où est ma canne?

NOEL, se levant d'un bond.

Monsieur, ma femme en aime un autre!

PAUL.

Ma foi, elle a bien raison, tu es insupportable!

NOEL.

Cette nuit, elle dormait...

PAUL.

Elle dormait!... c'est ta faute!... Laisse-moi tranquille.

NOEL.

Non, non... je tiens à expliquer à monsieur! Moi, je la regardais.

PAUL.

Pauvre petite Blanchette! Être regardée par... enfin, ça n'est pas sa faute, à elle!

* No l, Paul.

NOEL.

Tout à coup sa poitrine s'oppresse, sous l'empire d'un songe ; un sourire étrange se dessine sur ses petites lèvres entr'ouvertes, et les petites lèvres laissent tomber un nom !

PAUL.

Le tien?..

NOEL.

Je ne m'appelle pas Edgard, moi, monsieur !

PAUL.

Ah! bah ! pauvre petite Blanchette !

NOEL, avec gestes.

Edgard !

PAUL.

Ah ! tu m'ennuies, va-t'en !

NOEL.

Mais, monsieur, c'est vous qui m'avez marié?

PAUL.

Jamais ! moi, mon intention était de te jeter par la fenêtre.

NOEL.

Enfin, c'est madame... c'est comme si c'était monsieur... Ah ! vous auriez bien dû vous opposer à mon mariage !

PAUL.

Décidément, veux-tu t'en aller ? Ma parole d'honneur, il est fou !

(Il lui arrache la brosse.)

NOEL.

O égoïsme ! cœur de pierre ! Et voilà les hommes que nous sommes obligés de servir, nous autres enfants du peuple ! Edgard ! Edgard !

(Il sort éperdu.)

PAUL, seul, brossant machinalement son habit lui-même.

Suzanne avait bien besoin de marier cet imbécile !.. Je n'ai plus de valet de chambre à présent... Ma femme !

(Il jette la brosse et l'habit sur un meuble.)

SCÈNE II

SUZANNE, PAUL.*

PAUL.

Bonjour, Suzanne ! (Il va pour l'embrasser. Suzanne le repousse doucement, à part.) Mariage manqué, migraine dans la maison !

SUZANNE, s'asseyant sur le canapé.

Eh bien, vous avez écrit, mon ami ?

PAUL, passant derrière.

Oui, oui, tout est arrangé. Nous sommes brouillés avec la tribu des Mouclier, qui en ce moment (Il tire sa montre.) midi vingt-cinq minutes, est absolument évanouie, 12, rue Boursault, à l'entresol, Paris. Avis aux amateurs de curiosités.

SUZANNE.

Une famille charmante, que j'adorais ! Brouillés !...

PAUL.

Des gens insupportables qui me crispaient... Quand ils entraient, j'avais envie de crier... L'effet de ma lettre a été superbe... Ah ! elle m'a donné assez de mal !.. Je l'ai recommencée vingt fois !.. Enfin, je suis arrivé à tourner les choses convenablement.

SUZANNE.

Ah ! voyons-la, cette lettre merveilleuse. La savez-vous par cœur ?

PAUL.

Ah ! tu vas voir : « Mes chers amis, je regrette d'avoir à vous » annoncer que le mariage d'Ida est tombé dans l'eau. Tout à » vous : Paul Vernier.

SUZANNE.

Vous avez écrit cela ?

PAUL, avec satisfaction.

Oui. C'est net !

* Paul, Suzanne.

SUZANNE, se levant.

Ah! pour cela, oui... Le doute n'est pas permis une seconde... Ah! c'est bien joli!

PAUL.

Écoute donc, c'était fort embarrassant.

SUZANNE.

Mais encore fallait-il déguiser ce refus d'une façon... Ah! les hommes ne savent pas faire une lettre.

PAUL, jouant avec les cheveux de Suzanne.

Ça, c'est vrai... Vois monsieur de Sévigné... Sa femme lui avait fait un tort !..

SUZANNE.

Laisse-moi... tiens, je te déteste.

(Elle veut fuir.)

PAUL, la retenant dans ses bras.

Suzanne !

SUZANNE.

Laisse-moi... tu es insupportable ! oh ! j'ai une migraine !...

PAUL, à part.

Voilà !

SUZANNE, sonnant à la cheminée.

Voyez si cette Blanchette viendra !

(Elle s'assied dans le grand fauteuil.)

NOEL, paraissant. *

Madame a sonné ?

SUZANNE.

Blanchette n'est donc pas là ?

NOEL.

Mais, madame... elle m'a dit que madame l'envoyait chercher Mademoiselle Marguerite à la pension... elle m'a donc menti ?

SUZANNE.

Mais non...

* Paul, Noel, Suzanne.

NOEL, ironique.

Ah! dame!... c'est que... on ne sait pas... on ne sait pas!

(Il sort.)

PAUL.

Ma chère Suzanne, voilà dans quel état tu m'a mis mon valet de chambre! Le mariage l'a rendu idiot!. Je te demande la permission de le mettre à la porte

SUZANNE.

Ah! bien imaginé!... Pour que Blanchette me quitte aussi, n'est-ce pas?

PAUL.

C'est juste. Je le garderai.

(Il fait le geste de le rosser.)

SUZANNE.

Non, vous êtes si heureux de me taquiner...

PAUL.

Moi!

SUZANNE.

Vous ne savez qu'inventer pour cela.

PAUL.

Ah! permets!

SUZANNE.

Est-ce que je vous empêche de garder vos amis, moi?... Ah! il n'y en a qu'un que je ne veux plus revoir, jamais, jamais!

PAUL.

Qui donc?

SUZANNE.

M. Régis.

PAUL.

Étienne, y penses-tu?

SCÈNE III

LES MÊMES, ÉTIENNE *

ÉTIENNE.

Bonjour, Paul !

PAUL, à part.

Il tombe bien !

ÉTIENNE.

Bonjour, Suzanne !

PAUL, cérémonieux.

Monsieur, j'ai l'honneur de vous saluer.

ÉTIENNE, étonné.

Ah ! ah !

PAUL, même jeu.

Vous vous êtes bien porté, monsieur, depuis une heure ? Si monsieur veut nous faire l'honneur de s'asseoir.

(Il avance un fauteuil.)

ÉTIENNE.

Ah ! mais, tu te moques de moi !...

PAUL.

Car vous devez être bien fatigué, monsieur ? Tu comprends, ma chère amie... Il y a une demi-heure, comme j'étais encore fort lié avec monsieur, et que nous déjeunions ensemble chez Bignon, prévoyant ta migraine, je l'avais prié — car il a un goût exquis, ce misérable !

ÉTIENNE.

Vous m'en voulez, Suzanne ?

PAUL.

Monsieur, je vous prie de ne pas m'interrompre ! je l'avais prié de courir les joailliers et de choisir des boutons d'oreilles, les diamants étant un topique puissant approuvé par plusieurs facultés ! — Où est le topique ?

* Étienne, Paul, Suzanne.

ÉTIENNE.

Le voici.

(Il donne la boîte à Paul qui l'ouvre et la met sous les yeux de Suzanne.)

SUZANNE, avec un cri de joie.

Ah!

(Elle se lève.)

PAUL, gaiement.

La glace est rompue! (Tendant les deux mains à Régis.) Bonjour, Étienne, comment vas-tu? Va dire bonjour à ma femme.

SUZANNE.

Et moi, vous croyez que je vous pardonne, n'est-ce pas?...

(Elle met les boutons.)

ÉTIENNE.

Suzanne, voyez-vous, il n'y a qu'une femme au monde que je voudrais épouser...

SUZANNE vivement.

Qui?

ÉTIENNE.

C'est vous!

SUZANNE.

Moi! Ah!

PAUL.

Ah çà! dis donc, intrigant.

SUZANNE, le pousse, il tombe assis sur le pouf.

Mais soyez donc franc, et l'on vous tiendra compte de votre franchise : avouez donc naïvement que vous aimez quelqu'un?

ÉTIENNE.

Moi, grands Dieux!

PAUL.

Oui, toi!... Allons, avoue! avoue donc, têtu!

ÉTIENNE, priant.

Mais, je n'ai rien à avouer, j'ai le cœur et la tête libres... Oh! je suis mûr pour le mariage, allez!

SUZANNE, vivement.

Eh bien!..

PAUL.

Il ne veut pas être cueilli, voilà tout! Il mourra sur la branche de l'impénitence finale.

SCÈNE IV

LES MÊMES, BLANCHETTE, MARGUERITE, JEAN.

Jean est chargé de colis qu'il porte dans l'appartement à gauche.

BLANCHETTE.

Madame, madame ! voilà mademoiselle !

SUZANNE.

Ma sœur !

MARGUERITE, entrant. *

Suzanne ! (Elle laisse tomber ses cartons et court embrasser Suzanne.) Quel bonheur de se revoir !

SUZANNE.

Et de ne plus se quitter surtout.

MARGUERITE, à Paul.

Eh bien, et toi, monsieur mon frère, c'est ainsi que tu me reçois ? Veux-tu ouvrir tes bras tout grands, s'il te plaît !

PAUL **.

Chère enfant !

MARGUERITE.

A la bonne heure ! Je retrouve les gros baisers de ma nourrice (Apercevant Étienne.) M. Régis ! ah ! vous n'êtes donc pas dans la lune ? Tant mieux ! Nous ferons de la musique !

ÉTIENNE.

Toute la journée !

MARGUERITE.

Adieu la pension... Oh ! que c'est bon de s'envoler. Tiens ! je sais l'anglais ; je joue Verdi à livre ouvert ; je brode comme Suzanne et je danse toutes les danses ! mes études sont terminées... J'ai seize ans, je suis une demoiselle ! Dis donc, Paul, tu peux me marier ?

* Paul, Suzanne, Marguerite, Étienne.

** Blanchette, Paul, Marguerite, Suzanne, Étienne.

PAUL.

Jamais !

MARGUERITE, riant comme une folle.

Jamais !... Oh ! tu as bien dit cela !

PAUL.

Tu veux déjà nous quitter ?

MARGUERITE.

Oh ! non. D'abord j'ai dit cela pour rire... Je ne veux pas me marier !

PAUL, avec effusion.

Charmante enfant ! Elle a du cœur !

MARGUERITE, parlant très-vite

Allons-nous être heureux tous les trois !... Oh ! nous voyagerons ! Nous irons en Italie, et puis en Espagne ! Ce sera gentil !... Tous les trois ! Pas en chemin de fer, en poste, pour mieux voir les paysages ! Avant tout, tu me mèneras au théâtre ! Je voudrais voir *la Traviata*.

ÉTIENNE.

En italien... Oui !

MARGUERITE.

Oh ! je la joue par cœur sur mon piano ! Et puis *Roland à Roncevaux*. Il paraît que c'est très-bien ! très-bien ! Et puis au Cirque ! Il y a un mulet qui jette tout le monde par terre, ça doit être amusant !

PAUL.

Bon petit cœur !

SUZANNE.

Tu iras partout.

MARGUERITE.

Quel bonheur !... Blanchette, tu viendras avec nous.

BLANCHETTE.

Oui, mademoiselle, tout ce que vous voudrez !...

MARGUERITE.

Et puis, cet hiver, nous donnerons un grand bal. On dansera dans la serre ! Blanchette, tu danseras aussi.

BLANCHETTE.

Oh! mademoiselle!

MARGUERITE.

Pourquoi donc pas! Tu es la troisième sœur de la famille. M. Régis, vous nous ferez danser?

ÉTIENNE.

Toute la nuit.

MARGUERITE.

Et ma chambre est-elle prête?... M'as-tu mis de la perse avec des gros bouquets?

SUZANNE.

Ah! la bavarde!

MARGUERITE.

C'est vrai, je suis très-bavarde... Les sœurs m'ont joliment punie pour cela au couvent!.. mais elles ne m'ont pas corrigée!.. C'est mon seul défaut. Comme vous êtes prévenus, vous me laisserez bavarder tout à mon aise!.. Maintenant je vais voir ma chambre.

PAUL.

Charmante enfant!

MARGUERITE, qui allait sortir, revenant.

Ah! dis donc Paul!.. Tiens! je ne sais plus ce que je voulais te dire!

PAUL.

Voyons, que veux-tu?

MARGUERITE, cherchant.

Rien... Ah! si... tiens!

(Elle lui saute au cou).

SUZANNE.

Mais va donc, bavarde!

MARGUERITE.

Viens, Blanchette!

(Elle entre à gauche suivie de Blanchette.)

SCÈNE V

LES MÊMES, moins MARGUERITE et BLANCHETTE, puis NOEL.

ÉTIENNE.

La délicieuse créature!

PAUL.

Chère petite Margot !

SUZANNE.

Nous sommes tous réunis... quel bonheur !

NOEL, entrant vivement.

Monsieur et madame Mouclier.

SUZANNE.

Ah ! mon Dieu !

ÉTIENNE, sautant sur son chapeau.

Où est mon chapeau ?

PAUL.

Où est le mien ? (A Noël) Attends ! (A Étienne) Je t'accompagne !

SUZANNE, effrayée *.

Tu m'abandonnes?

PAUL.

Ma chère enfant, tu leur as montré un morceau de sucre, ils vont aboyer tant qu'ils ne l'auront pas !...Un gendre ou la mort ! C'est ta faute ! Moi, je suis innocent !... Oh ! les Mouclier !... Viens, Étienne !

SUZANNE, s'accrochant à lui.

Reste, je le veux !... Il le faut !... Ne me laisse pas !

PAUL **.

Comment ! tu veux ?...

NOEL.

Les voici !

* Suzanne, Paul, Étienne.

** Paul, Suzanne, Étienne.

ÉTIENNE.

Adieu !

(Il va sortir à gauche.)

PAUL.

Pas par là, on te verrait.

ÉTIENNE.

Oh ! une porte !... une issue !... un trou dans le mur !

SUZANNE, ouvrant la porte à droite.

Passez par ici !

ÉTIENNE.

Sauvé ! A tout à l'heure, Suzanne !...

(Il disparaît à peine que monsieur et madame Mouclier paraissent au fond.)

SCÈNE VI

PAUL, SUZANNE, MOUCLIER, MADAME MOUCLIER *.

PAUL.

Sabre de bois !... il était temps.

NOEL, à part.

Je vais fouiller dans tous les tiroirs de ma femme... Quel est donc cet Edgard ?

(Il sort.)

PAUL, ne sachant que dire, prenant un air aimable **.

Monsieur et madame Mouclier !... ah ! c'est bien gentil à vous de venir nous voir !... Donnez-vous donc la peine de vous asseoir. Voilà ce que j'appelle une surprise, par exemple, une surprise agréable !

MOUCLIER, d'une voix étouffée.

Ne raillez pas, monsieur.

(Il s'assied près du canapé.)

PAUL.

Mais...

* Paul, madame et M. Mouclier, Suzanne.

** Madame et M. Mouclier, Paul, Suzanne.

MOUCLIER.

Ne raillez pas, vous dis-je!... N'ajoutez pas le sarcasme à un procédé que je ne qualifierai pas.

MADAME MOUCLIER, assise sur le canapé.

Que nous ne voulons pas qualifier.

PAUL, assis sur le pouf.

Quel procédé?

(Suzanne est assise à côté de lui.)

MADAME MOUCLIER.

Il le demande!

MOUCLIER, tirant la lettre de sa poche.

Cette lettre, monsieur, cette lettre: « Je regrette d'avoir à » vous annoncer que le mariage d'Ida est tombé dans l'eau. Tout » à vous. Paul Vernier. » La reconnaissez-vous!

PAUL.

Parfaitement!

MADAME MOUCLIER.

Et vous vous étonnez que nous venions vous demander des explications... Ah! c'est trop fort.

MOUCLIER, se démenant.

C'est bien violent! c'est bien violent!

PAUL.

Mais qu'est-ce qu'il y a donc de si violent?

MADAME MOUCLIER

Il le demande.

PAUL.

Certes, oui, je le demande.

SUZANNE, à madame Mouclier.

Mon Dieu, chère madame Mouclier...

MADAME MOUCLIER.

Ma chère bonne madame Vernier, vous avez été charmante dans tout ceci... Nous n'avons pas le droit de vous accuser, et nous ne vous accusons pas. Le vrai coupable...

MOUCLIER, montrant Paul.

C'est lui!

PAUL.

Moi! ah! c'est bien joli!

MADAME MOUCLIER.

Oui, vous, monsieur.

PAUL.

Coupable! et en quoi! et pourquoi?

MOUCLIER.

Oh! nous ne sommes ni aveugles, ni imbéciles. Nous avons parfaitement vu votre manége, M. Vernier.

PAUL.

Mon manége!

MADAME MOUCLIER

Il était assez clair.

MOUCLIER.

Ce mariage ne vous convenait pas.

PAUL.

A moi?

MOUCLIER.

A vous.

SUZANNE.

Madame Mouclier, Paul n'était pas prévenu, c'est moi, moi qui... sans le consulter...

MADAME MOUCLIER.

Vous cherchez à excuser votre mari, c'est un pieux mensonge; mais nous n'en sommes pas les dupes. Vous comprenez très-bien que nous ne sommes pas les dupes.

SUZANNE.

Je vous jure...

MADAME MOUCLIER.

N'insistez pas, chère madame; Casimir a tout vu.

PAUL.

Qui, Casimir?

MOUCLIER, se frappant sur la poitrine.

Moi, monsieur.

PAUL.

Pardon... c'est que j'ignorais. Enfin, qu'est-ce que vous avez vu ?

MOUCLIER, se levant.

Ce mariage ne vous plaisait pas. Il fallait le dire. Nous ne sommes point des gens qui s'imposent par force ; nous eussions compris à demi-mots.

MADAME MOUCLIER.

Mais non, vous nous avez fait une petite guerre... une petite guerre de broussailles.

PAUL.

Une petite guerre... mais pourquoi ? comment?

(Il se lève.)

MADAME MOUCLIER, se levant.

Comment ?

MOUCLIER.

Laisse-moi parler, Nathalie. Comment ? je vais vous le dire : Pour détourner votre ami de notre alliance, pour mieux le monter contre nous, vous êtes allé exprès le chercher au débarcadère du chemin de fer.

MADAME MOUCLIER.

En route, Dieu sait ce que vous lui avez dit !

MOUCLIER.

Nathalie, laisse-moi parler ! — Quand nous causions avec ce jeune homme, vous tourniez en ridicule tout ce que nous disions, vous échangiez avec lui des regards moqueurs, et, je le dis tout haut, insultants pour nous.

PAUL.

Moi !

SUZANNE, se levant.

Oh ! Paul est incapable...

MOUCLIER.

Madame, quand je parlais, monsieur affectait de se moucher.

PAUL.

Moi, je me mouchais!

MOUCLIER.

Et maintenant tous nos amis connaissent nos projets; nous leur avons anoncé le mariage d'Ida... comment leur annoncer la rupture? Ah! vous avez voulu nous mettre dans une situation ridicule.

PAUL.

Moi!

MADAME MOUCLIER.

Ida sanglote dans sa chambre, le pauvre agneau sans tache!... Elle est d'une santé si délicate.

MOUCLIER.

Ah! vous vouliez la mort de notre enfant! Réjouissez-vous donc, monsieur!

PAUL.

Moi! Mais en vérité, monsieur et madame, que m'importe à moi, je vous le demande, que mademoiselle Ida épouse Pierre, Paul ou Jacques? Quel motif, quelle raison ai-je de vous en vouloir? Eh! parbleu! madame Mouclier...

MOUCLIER.

Monsieur, n'oubliez pas que vous parlez à une femme!

MADAME MOUCLIER.

A une mère! (Criant.) à une mère!

SUZANNE.

Mon ami!

PAUL.

Mais, je ne me mets pas en colère : je dis simplement que tous les jours un mariage manque; mademoiselle Ida en épousera un autre, voilà tout.

MADAME MOUCLIER.

Voilà tout!

MOUCLIER.

Voilà tout!... Il est trop tard, monsieur!

PAUL.

Comment, trop tard?

MADAME MOUCLIER.

Elle aime ce jeune homme.

PAUL.

Étienne!... Mais elle l'a vu cinq minutes.

MADAME MOUCLIER.

Ces cinq minutes ont suffi au cœur de la pauvre enfant.

PAUL.

Il saute si vite que ça!... Mais ce n'est point un cœur, c'est une poudrière!...

SUZANNE.

Paul!

MADAME MOUCLIER.

Monsieur!...

MOUCLIER.

Il insulte notre fille!... Ah! parce que je suis un vieillard, n'est-ce pas?... parce que ma main débile.. Eh bien! c'est ce qui vous trompe, monsieur...

MADAME MOUCLIER.

Casimir!

MOUCLIER.

C'est ce qui vous trompe!... Cette main... (Il montre la main gauche.) non!... (Montrant la droite.) cette main aura encore la force de...

MADAME MOUCLIER.

Mon ami!

SUZANNE.

Monsieur Mouclier... ah! mon Dieu!...

PAUL, très-ennuyé *.

Ah! mais! ah! mais! je me fatigue.

* M. et madame Mouclier, Suzanne, Paul.

MADAME MOUCLIER.

Casimir! il le tuera!... ah!... ah! j'étouffe!... je... ah! ah!
(Elle est prise d'une attaque de nerfs.)

SUZANNE, lui prodiguant des soins.

Madame Mouclier... chère madame! Du vinaigre! — Sonne donc, Paul!... sonne donc!...
(Paul sonne à tour de bras.)

MADAME MOUCLIER, à son mari.

Prends garde d'abîmer mon chapeau!... ah! ah!
(Elle le lui donne.)

MOUCLIER.

Monsieur Vernier, contemplez votre ouvrage!

PAUL.

Comment, mon ouvrage?...

SCÈNE VII

LES MÊMES, NOEL, plus effaré que jamais *.

PAUL, à Noel qui entre.

Du vinaigre, vite!

NOEL, préoccupé de sa femme.

Monsieur, je n'ai rien trouvé dans la commode... mais elle a retiré la clé du secrétaire.

PAUL, le prenant au collet.

Du vinaigre, misérable, du vinaigre!

NOEL.

Je vais en chercher, monsieur! (A lui-même en se frappant sur le front.) Oh! je briserai plutôt le secrétaire!
(Il sort en courant.)

MADAME MOUCLIER, faisant des soubresauts.

Ah!... ah!...

* M et madame Mouclier, Suzanne, Noël, Paul.

SUZANNE, lui tapant dans les mains.

Revenez à vous !

MOUCLIER.

Mon Dieu ! ma femme se meurt !

SCÈNE VIII

LES MÊMES, LE DOCTEUR MACHELARD *.

MACHELARD, se précipitant en scène.

Elle se meurt ! qui donc ?

PAUL.

Le docteur ! Il manquait !

(Le docteur s'embarrasse les pieds dans le pouf et tombe.)

MACHELARD, voyant madame Mouclier.

Nathalie !

(Il s'agenouille et lui fait respirer des sels.)

SUZANNE.

Eh bien ?

MOUCLIER.

Vos soins sont superflus, docteur. Les sources de la vie sont vraisemblablement taries... ma femme est morte !

MACHELARD.

Non, non ! Tenez la voilà qui revient à elle !

MADAME MOUCLIER.

ous, docteur ?

MOUCLIER.

Elle vivra !

SUZANNE.

Comment vous sentez-vous ?

MADAME MOUCLIER.

Un peu mieux... Ah ! vous êtes bonne, vous.. (Ses regards se dirigent sur Paul, elle fait un mouvement de terreur.) Ah ! cet homme !... Eloignez-le, éloignez-le !

* Paul, Mouclier, Suzanne, madame Mouclier, le Docteur.

PAUL, à part.

Elle me met à la porte de chez moi!

MACHELARD.

Non... j'ai à lui parler, moi.

PAUL, à part.

Le docteur! Oh! non! oh! non!

(Il cherche son chapeau.)

MACHELARD, aux époux Mouclier.

Mes chers amis, j'ai reçu votre petit mot, et je suis accouru... Grâce au ciel, rien n'est encore désespéré, car je suis là, moi, votre ami! — Chère madame Vernier, veuillez les emmener... je désire causer avec votre mari, et cette causerie amènera, je l'espère, un résultat favorable.

SUZANNE, à madame Mouclier.

Oui, venez! appuyez-vous sur moi... bien fort?

MADAME MOUCLIER.

Pauvre femme! ah! vous méritiez un meilleur sort!

(Elle regarde Paul de travers.)

MOUCLIER, bas à Machelard.

Docteur, c'est l'existence d'Ida que vous tenez entre vos mains!

MACHELARD.

Gardez ce flacon pour le cas où madame Mouclier...

MOUCLIER.

Oui... oui!... elle est si nerveuse... Depuis trente ans, j'ai peur de la perdre!.. Nathalie, me voilà!

(Il court après sa femme et Suzanne qui sont entrés à gauche.)

SCÈNE IX

MACHELARD, PAUL.

PAUL.

Tous ces gens-là sont fous, ma parole d'honneur; j'ai besoin de prendre l'air.

MACHELARD, l'arrêtant.

Un mot, mon cher M. Vernier.

PAUL.

Ah! docteur, je suis désolé... mais une affaire importante...

MACHELARD.

Il n'en est pas de plus importante, je crois, que la vie d'une jeune fille chaste et pure.

PAUL.

Oh! mademoiselle Ida me semble bien constituée... C'est une jeune fille qui vivra cent ans, si elle ne fait pas d'imprudence.

MACHELARD.

Mais enfin, monsieur, pourquoi vous opposez-vous à son mariage?

PAUL.

Moi!

MACHELARD.

Oui, vous.

PAUL.

Oh! sarpejeu, M. le docteur!

MACHELARD, se calmant.

Tenez, mon cher Vernier, causons avec calme... n'envenimons pas, voulez-vous?.. causons... n'envenimons pas!

PAUL.

Soit!... Mais je vous répète que je ne suis pour rien dans le refus d'Étienne.

MACHELARD.

Parlons franchement, sans ambages, en amis... Allons droit au but... voulez-vous?

PAUL.

Très-volontiers!

(Ils s'asseyent à droite.)

MACHELARD.

La dot ne paraît pas assez considérable au jeune homme,

n'est-il pas vrai ? Eh bien, j'ajoute cent mille francs... Est-ce assez ?

PAUL.

Mais...

MACHELARD.

Voyons, cinquante mille écus... Est-ce dit ?

PAUL, *étonné*.

Parbleu ! voilà un beau trait et qui nous réconcilie tout à fait. Vous êtes un parrain des contes de fées, docteur, et votre canne est une baguette... Vous êtes le génie des fonts baptismaux !

MACHELARD.

Est-ce dit ?

PAUL.

Un désintéressement pareil !... (lui tendant la main.) Ma foi, c'est très-bien !

MACHELARD.

Je suis le parrain d'Ida... la chère petite !... Et puis... il se rattache à cela un sentiment... délicat qui... parlons franchement !

PAUL.

Sans ambages.

MACHELARD.

Voulez-vous ?

PAUL.

Parfaitement !

MACHELARD, *regardant autour de lui pour s'assurer qu'ils sont seuls.*

D'ailleurs, vous êtes un galant homme, et je puis sans crainte...

PAUL.

Nous sommes absolument seuls.

MACHELARD.

Mon cher Vernier, — en tout bien, tout honneur, croyez-le, — j'ai... j'ai aimé...

(Il lui dit le reste à l'oreille.)

PAUL, se levant ainsi que le docteur.

Ah! bah! Eh bien, mon cher docteur... (Il passe son bras sous celui du docteur.) je suis enchanté de tout ce que vous me dites... pour M. Mouclier... que je ne peux pas sentir!

MACHELARD.

Pourquoi cela? Il est bon homme au fond, je vous assure.

PAUL.

Si vulgaire!...

MACHELARD.

Pfeu!.. oui, il est vulgaire.

PAUL.

Ce pauvre Mouclier!

MACHELARD.

Enfin, voilà pourquoi, mon cher Vernier, je tiens tant au mariage d'Ida... que j'ai vue naître...

PAUL.

Et dont vous êtes le... parrain!...

MACHELARD, souriant tout en humant sa prise de tabac.

Et dont je suis le parrain. Voilà pourquoi je ferai volontiers un sacrifice pour assurer son bonheur!

PAUL.

Cher M. Machelard, franchise pour franchise. Mon ami Étienne est d'un désintéressement antique... Ce n'est pas la question d'argent qui entrave son mariage.

MACHELARD.

Qu'est-ce donc?

PAUL.

Eh! bien! mademoiselle Mouclier ne lui plait pas.

MACHELARD.

Hein?

PAUL.

Elle lui déplait, si vous aimez mieux!

MACHELARD, très-nerveux*.

Ah!... Et... que lui trouve-t-il donc, ce monsieur?.. Elle est peut-être bossue, n'est-ce pas?..

PAUL.

Non, mais...

MACHELARD.

Mais si... dites-le pendant que vous y êtes!... Ida est un ange, entendez-vous, un ange!... et votre ami un sot!... Voilà mon opinion sur lui, à moi!.. entendez-vous?... voilà mon opinion! (Paul tombe sur un sopha en éclatant de rire.) Vous riez... vous osez rire?...

PAUL.

Ah! ah! ah! ah!.. Bravo! docteur!.. Ah! ah! ah!

MACHELARD.

M. Vernier, finissez... ah! finissez!...

SCÈNE X

Les Mêmes, SUZANNE, MOUCLIER, MADAME MOUCLIER**.

MADAME MOUCLIER.

Eh bien?

MACHELARD montrant Paul.

Monsieur jette le masque! Il se déclare hautement contre ce mariage.

LES ÉPOUX MOUCLIER.

Ah!

PAUL, passant à droite.

Mais pas le moins du monde. Est-ce que je fais des mariages, moi?.. Est-ce que je suis M. Foy, moi!

MADAME MOUCLIER.

Monsieur, nous n'avons plus rien à ménager.

* Paul, le Docteur.

** Paul, madame et M. Mouclier, Suzanne, le Docteur.

SUZANNE, aux cent coups.

Mon Dieu ! docteur, madame... M. Mouclier.. Écoutez-moi !..

MACHELARD.

Vous entendrez parler de nous !

LES ÉPOUX MOUCLIER.

Oui, vous entendrez parler de nous !...

(Ici les cinq personnages se mettent à parler ensemble comme des énergumènes avec force gestes.)

MOUCLIER. *

Et moi qui croyais à votre amitié !... Mais prenez garde ! un père irrité à juste titre est capable de tout, et c'est le bonheur de mon enfant que je vais défendre !

MADAME MOUCLIER.

Ah ! vous avez été sans pitié pour le cœur d'une mère... Ah! vous êtes venu renverser les projets qui assuraient le bonheur et l'avenir de ma fille... vous avez fait cela ?

MACHELARD.

Vous vous êtes moqué de moi, vous m'avez raillé ; pendant une heure j'ai servi de cible à vos plates plaisanteries... mais j'aurai ma revanche, j'aurai ma revanche, croyez-le !

SUZANNE, à madame Mouclier qui ne l'écoute pas.

Je vous jure que Paul ignorait les projets que j'avais formés, c'est moi qui suis seule coupable en tout ceci... Mais nous marierons Ida... Je m'y engage !

PAUL, essayant de dominer le tumulte.

Je vous répète pour la centième fois que je ne suis pour rien dans cette rupture, que je ne veux pas prendre mes amis au collet pour les traîner dans les mairies !... Ah ! au diable !

MOUCLIER.

Ton bras, Nathalie !

TOUS LES TROIS.

Au revoir M. Vernier au revoir !

(Ils sortent tous dans la plus grande agitation.)

* M. et Madame Mouclier, Paul, le Docteur, Suzanne.

PAUL.

Mais ils sont enragés !...

SCÈNE XI

PAUL SUZANNE. *

SUZANNE, redescendant vivement vers son mari.

Voyons, Paul, cherchons ensemble !

PAUL.

Quoi ?

SUZANNE.

A qui donc marier Ida ?...

PAUL.

Mais à personne ! à personne !

SUZANNE.

Réfléchis, mon ami... Ce mariage est le seul moyen que nous ayons de calmer, de ramener les Moulier...

PAUL.

Tu veux ramener ces gens-là !... Ici !...

SUZANNE.

Ne t'impatiente pas, je t'en prie..., cherchons, cherchons ensemble !

SCÈNE XII

LES MÊMES, ÉTIENNE, puis MARGUERITE *.

ÉTIENNE, reparaissant.

Ils sont partis !

PAUL.

Oh ! cette frénésie de vouloir marier les gens quand même !

* Suzanne, Paul.

** Paul, Suzanne, Étienne.

Voilà où nous conduit votre manie, nous avons tout Paris sur les bras!

SUZANNE. *

Ma manie?... j'ai des manies?...

PAUL.

Parbleu, celle-là est singulière en tout cas.

SUZANNE.

Des manies! répétez, répétez donc?

MARGUERITE, qui vient d'entrer.

Oh! Paul!

PAUL.

La manie de marier les gens, bon gré, mal gré... oui, manie ridicule, absurde! Vous êtes folle.

SUZANNE. **

Folle!... oh! vous avez raison... mille fois raison, monsieur... On a tort de marier les autres, et l'on a tort de se marier soi-même!

PAUL.

Ma foi, oui.

ÉTIENNE, avec reproche.

Paul!

SUZANNE.

Ah! tel est votre avis?

PAUL.

Puisque tel est le vôtre!

SUZANNE.

Ah! vous regrettez votre belle liberté, vous soupirez après elle. C'est parfait. Vous auriez tort, en effet, de garder plus longtemps à vos côtés une femme qui a des manies et que vous regrettez d'avoir épousée.

MARGUERITE, pleurant.

Ah! mon Dieu! mon Dieu!

* Marguerite, Paul, Suzanne, Étienne.

** Marguerite, Suzanne, Paul, Étienne.

ÉTIENNE.

Il n'a pas dit cela, Suzanne !

SUZANNE.

Si fait... si fait... Oh ! j'ai bien entendu, mais j'ai trop de fierté pour m'imposer à un homme qui ne m'aime plus... qui ne m'a jamais aimée. Tenez... c'est une séparation que vous voulez ? soit !... j'y consens, je fais mieux, je la demande, je la rêve depuis longtemps !

PAUL.

Depuis longtemps !

SUZANNE.

Oui.

MARGUERITE.

Non, ne la crois pas, Paul ! M. Étienne, parlez-lui donc !..

SUZANNE.

Vous serez libre... nous serons libres tous deux !... Quel bonheur !

PAUL.

Quel bonheur ?

SUZANNE.

Oui ! ah ! quel bonheur !

PAUL, *jetant une chaise.*

Eh ! bien, soit ! J'en ai assez de cet enfer !

SUZANNE.

Moi aussi ! Ah ! je suis une folle !

PAUL.

Je cours chez Pimorin... c'est lui qui a fait notre mariage...

SUZANNE.

Et c'est lui qui le défera ! C'est cela que vous voulez dire ?.. Mais allez donc... courez donc... monsieur... courez donc !

PAUL.

Je cours, madame. Pimorin demeure à deux pas... je cours !... Ah ! quelle journée !... *(Il sort vivement par le fond.)*

SUZANNE.

Ah ! j'étouffe !... j'étouffe !... (Elle rentre chez elle.)

MARGUERITE.

Ah ! mon Dieu ! M. Régis... calmez mon frère !... ne le quittez pas !... courez !...

ÉTIENNE.

Cette querelle est un enfantillage !... Ils s'aiment, ils s'adorent !...

MARGUERITE, pleurant

Je crois bien !... ils sont si bons tous les deux !...

ÉTIENNE.

Ne pleurez pas... Je réponds de tout.

MARGUERITE, souriant et pleurant à la fois.

Vrai !

ÉTIENNE.

Sur ma tête !

MARGUERITE.

Allez bien vite !... ah ! vous êtes la Providence !...

(Étienne sort vivement par le fond. Marguerite entre chez Suzanne. Noël paraît au fond avec son code et heurte Étienne.)

SCÈNE XIII

NOEL, puis BLANCHETTE.

NOEL, avec satisfaction, un gros code à la main et lisant.

« Article 324 : Dans le cas d'adultère prévu par l'article 336, le meurtre commis par l'époux sur son épouse ainsi que sur le complice est excusable. » Ainsi je tue ma femme, je tue Edgard... je prends mon chapeau... je vais me promener aux Champs-Élysées, on n'a rien à me dire !

BLANCHETTE, entrant de la gauche une petite caisse à la main *.

Ah!... c'est vous!... que faites-vous ici? Voilà une heure que je vous cherche !

* Blanchette, Noel.

NOEL, à part avec indignation.

Quelle impudeur!

BLANCHETTE.

Tenez, voilà une caisse qu'il faut porter au chemin de fer du Nord, et faire expédier par la grande vitesse.

NOEL, à part.

Elle veut m'éloigner!

(Coup de sonnette.)

BLANCHETTE.

On sonne chez madame... allons, partez!... dépêchez-vous donc! grande vitesse!

(Elle sort par où elle est entrée.)

NOEL, seul.

Cette caisse... pourquoi donc?... (Lisant l'adresse.) « A Edgard, chez madame Noirot, à Beauvais, Oise. » Infamie!... oh! je percerai cet horrible mystère!... je saurai ce que contient cette caisse. (Il fait sauter le couvercle et tire de la boîte l'objet qu'elle renferme. Très-surpris.) Un polichinelle!...

BLANCHETLE, revenant.

Oh! le curieux!... vous aviez bien besoin d'ouvrir cette boîte, n'est-ce pas!...

NOEL.

Un polichinelle!

BLANCHETTE.

Oui! pour mon petit filleul Edgard, un gros joufflu de cinq ans!

NOEL, stupéfait.

Son filleul!

BLANCHETTE.

Voyons, refermez bien vite cette caisse, et portez-la au chemin de fer! Quel curieux! Tenez, vous êtes insupportable! je vous déteste!...

(Elle sort par la droite.)

SCÈNE XIV

NOEL, puis PIMORIN, puis SUZANNE *.

NOEL, avec joie, tombant à genoux.

Est-elle gentille! Innocente!... elle est innocente!...
(Il couvre de baisers le polichinelle.)

PIMORIN, entrant, à part.

Une séparation!... quelle folie!... (Haut à Noël.) Ah! Noël, puis-je parler à madame Vernier?

NOEL, sans l'entendre, brandissant le polichinelle.

Elle est innocente!

PIMORIN, à part, très-surpris.

Un polichinelle!... mais c'est la maison des fous!... (Voyant entrer Suzanne.) Madame Vernier...

SUZANNE, un peu émue à la vue du notaire **.

M. Pimorin!...

PIMORIN, saluant.

Madame!

SUZANNE, à part.

Mon Dieu! c'est donc sérieux! (Haut.) Noël, laissez-nous!

NOEL, en sortant.

Elle était pure, et je l'accusais!...

SCÈNE XV

SUZANNE, PIMORIN.

SUZANNE.

Vous venez de voir Paul?

PIMORIN.

Je le quitte à l'instant.

* Pimorin, Noel.

** Suzanne, Pimorin, Noël.

SUZANNE.

Ah!... asseyez-vous donc, mon cher M. Pimorin.

PIMORIN.

Je vous rends grâce, madame!

(Ils s'asseyent.)

SUZANNE, essayant de sourire.

Que vous a dit mon mari? Il est furieux, n'est-il pas vrai?

PIMORIN.

Il était en effet fort troublé, madame, et même il m'a chargé près de vous d'une mission...

SUZANNE.

D'une mission?

PIMORIN.

Assez difficile à remplir.

SUZANNE.

Ah! il vous a appris?

PIMORIN.

Votre querelle...

SUZANNE, avec un gros soupir.

C'est vrai, nous sommes brouillés pour la première fois de notre vie... et pour un motif bien léger, je vous jure, M. Pimorin.

PIMORIN.

Un motif bien léger!

SUZANNE.

Oh! mon Dieu, oui, au fond j'avais tort... mais l'amour-propre... le dépit s'en mêlant... on s'emporte...

PIMORIN.

Voilà!

SUZANNE.

On dit des choses que l'on ne pense pas... que le cœur désavoue!...

PIMORIN, à part.

Pauvre petite femme!...

SUZANNE.

Ah! j'ai bien du regret de ma colère... mais dans un ménage, c'est toujours le mari qui doit revenir le premier, n'est-il pas vrai?

PIMORIN.

Je le crois, madame!

SUZANNE.

C'est égal, malgré ma fierté, si Paul était là, je lui demanderais pardon... car j'aime, j'adore mon mari.

PIMORIN, avec éclat.

Ils s'adorent! et ils voudraient se séparer!

SUZANNE, très-émue.

Nous séparer... comment il vous a dit?...

PIMORIN.

Eh! certainement!... il prétend que vous l'en avez menacé?...

SUZANNE.

C'est vrai!

PIMORIN.

Et lui par fierté... comme vous par obstination...

SUZANNE.

Ah! mon Dieu!... Que faire? M. Pimorin, conseillez-moi, guidez-moi!

SCÈNE XVI

LES MÊMES, MACHELARD *.

MACHELARD, paraissant au fond.

Pardon! c'est encore moi!

SUZANNE, se levant.

Le docteur!

PIMORIN, se levant.

M. Machelard!

* Suzanne, Pimorin, le Docteur.

MACHELARD.

Ah! vous voilà, mon cher tabellion, vous permettez que je dise deux mots à madame en particulier?

PIMORIN.

Comment donc! faites, faites, docteur...

(Il va au fond regarder les tableaux).

MACHELARD, bas à Suzanne *.

Chère madame, Ida est horriblement compromise par cette rupture... le monde est si méchant! Il faut qu'elle se marie avant trois semaines. Il le faut! et pour cela, chère madame, je n'ai d'espoir qu'en vous!

SUZANNE.

En moi! Et où voulez-vous que je prenne un mari?

MACHELARD.

Je n'en sais rien... cherchez! n'importe lequel, nous l'accepterons. Notre situation est terrible!

SUZANNE, réfléchissant.

Un mari, c'est assez difficile... et je ne vois pas...

PIMORIN, admirant un tableau.

Ce paysage est d'une fraîcheur!...

SUZANNE, regardant Pimorin.

Eh! mais...

MACHELARD, vivement.

Vous tenez quelque chose?

SUZANNE, regardant toujours Pimorin.

Célibataire!

MACHELARD, anxieux.

Qui?...

SUZANNE.

De trente à trente-cinq ans.

MACHELARD, de même.

Qui?...

* Pimorin, Suzanne, le Docteur.

SUZANNE.

Une position honorable!

MACHELARD.

C'est parfait... mais qui?...

SUZANNE, appelant.

M. Pimorin!

PIMORIN, s'approchant vivement.

Madame!...

SUZANNE.

Voulez-vous vous marier?...

PIMORIN, surpris.

Hein? moi?...

MACHELARD, à part.

Le notaire! mais oui! (Haut.) M. Pimorin, voulez-vous vous marier?

SUZANNE *.

Répondez franchement!

PIMORIN.

Il est certain que...

SUZANNE ne laissant pas à Pimorin le temps de la réflexion.

Un parti superbe, une jeune fille charmante!...

MACHELARD.

Un ange!

SUZANNE.

Trois cent mille francs de dot.

MACHELARD.

Et des espérances!...

SUZANNE.

Songez donc!... un intérieur agréable!... des talents!..

MACHELARD.

De la vertu!...

SUZANNE.

Et votre étude payée!...

* Suzanne, Pimorin, le Docteur.

PIMORIN, *ahuri.*

Vraiment ! Mais c'est très-beau ! De qui s'agit-il donc ?

SUZANNE.

Vous ne devinez pas ? d'Ida Mouclier.

PIMORIN.

Mademoiselle Mouclier !...

MACHELARD.

Ma filleule !

SUZANNE.

C'est une affaire convenue.

MACHELARD.

Embrassez-moi, maître !

(*Il serre dans ses bras Pimorin au comble de l'étonnement.*)

SUZANNE, *à Machelard.*

Docteur, courez faire la demande !

MACHELARD.

J'amène les Mouclier ! Au revoir, Pimorin... au revoir... madame !

SUZANNE.

Mais allez donc !

MACHELARD, *à part.*

Enfin, cette fois, nous en tenons un !

(*Il sort vivement.*)

SCÈNE XVII

PIMORIN, SUZANNE, PAUL. *

PIMORIN, *qui n'a pas eu le temps de respirer.*

Mais cependant plairai-je à la jeune personne ?...

SUZANNE.

Je vous réponds de son consentement. (*Voyant entrer son mari.*) Paul ** !

* Suzanne, Pimorin.

** Suzanne, Pimorin, Paul.

PAUL, entr'ouvrant une porte latérale et s'approchant.

Eh bien! mon cher Pimorin, le résultat de cette négociation ?...

PIMORIN, avec chaleur.

Ah! mon ami, votre femme est un ange! Elle me marie! J'épouse Ida, je cours mettre un habit noir... adieu!

(Il sort vivement par le fond et se précipite dans Étienne qui entre.

PAUL, stupéfait.

Elle a marié le notaire! Ah! c'est le bouquet!

SCÈNE XVIII

PAUL, SUZANNE, ÉTIENNE, puis MARGUERITE. *

ÉTIENNE, allant à lui.

Je te trouve enfin! c'est heureux!...

PAUL, contraint.

Que veux-tu?

ÉTIENNE,

Ce que je veux? Ah! jolie question! Je veux te dire que tu es absurde, que ta rancune n'a pas le sens commun.

PAUL.

Étienne!

ÉTIENNE.

Je veux que tu reconnaisses tes torts, que tu tendes la main à ta femme, et que tu lui demandes pardon de lui avoir fait du chagrin! Voilà ce que je veux!

MARGUERITE, qui est entrée par la gauche s'approchant **.

Oui! oui! Il a raison, tu es un méchant!

ÉTIENNE.

Et nous ne souffrirons pas que pour une bagatelle, tu fasses la dernière des folies!

* Suzanne, Étienne, Paul.

** Suzanne, Marguerite, Étienne, Paul.

MARGUERITE, à Paul.

Non! nous ne le souffrirons pas.

ÉTIENNE.

Allons donc.. la main!

PAUL, retirant sa main et d'un ton très-raide.

Étienne! En pareille matière, et lorsqu'il s'agit des affaires e mon ménage, je n'admets que les personnes de ma famille, celles-là seulement.

SUZANNE, à part.

O ciel!

MARGUERITE, à son frère.

Fi! le vilain bourru!

ÉTIENNE.

Ah! c'est ainsi! tu le prends sur ce ton-là!

PAUL.

Oui! As-tu qualité pour contrôler et blâmer mes actions? Es-tu mon cousin, mon oncle, mon neveu? Non! alors laisse-moi tranquille!

ÉTIENNE.

Il faut être de ta famille pour t'empêcher de faire une folie? c'est ainsi? (Avec résolution.) Eh bien! je te demande la main de ta sœur!

PAUL, très-surpris.

Comment?

MARGUERITE, émue.

Moi?

SUZANNE.

La main de Marguerite!...

ÉTIENNE.

Oui, de Marguerite que j'aime...

MARGUERITE.

Oui... oui...

ÉTIENNE.

Qui m'aime !

MARGUERITE, ne sachant plus ce qu'elle dit.

Oui... oui !...

PAUL, allant à sa sœur.

Vraiment ?... Il serait possible !... Mais j'en suis ravi !... Je te l'accorde !...

(Il la fait passer.)

MARGUERITE, avec joie *.

Ah !...

SUZANNE, à elle-même.

Et je n'y avais pas pensé !

ÉTIENNE, gravement.

Et maintenant que je suis de la famille, en ma qualité de beau-frère, je t'ordonne...

MARGUERITE.

Oui, nous t'ordonnons d'embrasser ta femme....

ÉTIENNE.

Et de lui demander pardon !

PAUL, riant.

Eh bien ! puisque tout le monde est contre moi... pardonne-moi, Suzanne !

(Il tend les bras, Suzanne s'y précipite.)

SUZANNE.

Ah !... méchant !... m'as-tu fait pleurer !...

SCENE XIX

LES MÊMES, PIMORIN, en habit noir, gants blancs, puis MACHELARD, M. et MADAME MOUCLIER et IDA.

PIMORIN, entrant.

Ah bah ! la paix est faite ! on s'embrasse !

* Suzanne, Paul, Marguerite, Étienne.

PAUL, gaiement.

Et pardevant notaire !

SUZANNE.

Déjà de retour, M. Pimorin ? c'est de l'empressement.

PIMORIN.

Oui, me voilà en tenue officielle !

NOEL, entrant avec Blanchette.

M. Machelard du Pluvinage.

TOUS.

Le docteur !

BLANCHETTE, annonçant.

M. madame et mademoiselle Mouclier.

PIMORIN

Ah ! je suis ému !

PAUL, à Suzanne.

Comment, encore eux ?

SUZANNE, très-calme.

Paul, sois gentil... c'est le dernier !

(Machelard et les Mouclier paraissent.)

MACHELARD *.

Mon cher Pimorin, j'ai fait part à M. et madame Mouclier de votre demande.

MADAME MOUCLIER.

Elle nous honore !

MOUCLIER.

Et nous acceptons !

MADAME MOUCLIER.

Notre fille est à vous !

IDA.

Maman !

MADAME MOUCLIER, avec orgueil.

Tu seras notairesse !

(Elle la fait passer près de Pimorin.)

* Pimorin, le Docteur, madame Mouclier, Ida, Mouclier, Suzanne, Paul, Marguerite, Étienne.

PAUL, à sa femme en souriant.

Suzanne, tu l'as promis, c'est le dernier!...

LEBOUCQ, paraissant*.

Vous n'avez pas vu Juliette?

PAUL.

Non!

LEBOUCQ, riant.

Quelle tête!.. Elle est folle!... Pourvu qu'elle ait trouvé une voiture!... Ne vous dérangez pas!.. ne vous dérangez pas!..

* Pimorin, Ida, le Docteur, madame et M. Monelier, Leboucq, Suzanne, Paul, Marguerite, Étienne.

FIN

POISSY. — IMP. ET STÉR. DE A. BOURET.

www.ingramcontent.com/pod-product-compliance
Ingram Content Group UK Ltd.
Pitfield, Milton Keynes, MK11 3LW, UK
UKHW020339180726
13839UKWH00002B/800

9 782329 567655